面白いほどよくわかる！
NLPの本

圖解NLP

活用NLP技法讓自己變得更好！

扭轉大腦慣性思考，突破自我框架，打造全新的自己

聖塔菲NLP發展心理學協會認證指導員
梅本和比己——著

葉廷昭——譯

前言

NLP是美國在七〇年代開發出來的溝通技巧，由於效果奇高，轉眼便風靡全球。日本一直到八〇年代才引進，這一套技巧也與時俱進，如今不只是心理治療和自我啟發的利器，同時也活用在體壇、商業等各種領域。

這一套技巧的最終目的，是掌握充實自信的幸福人生。因此，我們必須改善或解決各種疑難雜症，而NLP已經開發出許多技巧，可以幫我們隨時隨地輕鬆解決問題。

NLP的技巧特色在於影響潛意識，在無形中激發個人潛力。深得全球好評的效果，就是源自於這樣的技術體系，跟那些單純指點訣竅的溝通方法不一樣。

NLP用在各種場合都有極佳的效果，近年來有越來越多的人感興趣。本書出版便是順應這樣的時代需求，不少人都聽過NLP這個字眼，卻不太清楚內容。也有人懂得一些內涵，還想

深入了解具體的技巧，這本著作就是提供給各位的入門書。

現在日本有許多ＮＬＰ的相關團體，每一個團體都從各自的角度，改良既有的技法，或是乾脆開發全新的技法。所以，同樣名稱的技法，不同團體可能有不一樣的施行程序。本書介紹的內容，主要來自聖塔菲ＮＬＰ發展心理學協會的論述。

聖塔菲ＮＬＰ發展心理學協會的創立者，是傑克・伊格爾和麥克・班朵拉這兩位治療師。他們將發展心理學的論述，融入ＮＬＰ的理論體系中，著重於人格成長和身心內外一致。

現在ＮＬＰ獲得世人的矚目，很多人學了以後也應用在生活中。的確，要真正精通ＮＬＰ不是件容易的事，但實踐這一套技巧，可以讓你漸漸感受到自己的變化。假以時日，相信你也會明白ＮＬＰ的魅力。拿起本書閱讀，就是學習ＮＬＰ的第一步。

希望這部著作，能幫助各位開創幸福的人生。

聖塔菲ＮＬＰ發展心理學協會認證指導員　梅本和比己

本書的使用方法

我在撰寫這本書的時候，用字遣詞和編排方式盡量保持簡單易懂。不過，NLP的特色是影響人類的潛意識，因此難免會有一些抽象的形容，以及不少NLP的專業術語。

相關術語出現的部分，我會在當下做一點簡單的說明，並在整本書的最後增設用語解說的專欄，希望可以幫各位多了解一下內容。如果你還是覺得不好懂，請先跳過也沒關係，看久了自然會明白意思。

本書共分為五大章節，內容的專業性會慢慢提升。一開始先大略介紹NLP，再來說明技法的基本概要，還有一些簡單的實踐作業，以及不同目的所需的技法。從一開始按部就班往下讀，你就會理解什麼是NLP了。

NLP的基礎在於實踐，與其閱讀一大堆說明，不如實際體驗一下會更快理解。所以，本書不只介紹技法內容，還會設一個「試一試」專欄，介紹實踐的程序和步驟。請各位務必實際體會一下，深入了解NLP的技法。

先來介紹閱讀時的要點。

Point 1 用心去體會，不要只用頭腦思考

NLP的特色是影響人的潛意識，因此在實踐技法的時候，觀想是非常重要的行為。當你看到說明中有部分抽象描述，不要想太多，用心去體會就好。這可以幫助你深入了解NLP的技法。

Point 2 按部就班閱讀

第一章和第二章介紹的是NLP的基本思維，以及基本的技法。第三章開始介紹不同目的所需的技法，如果你先看感興趣的部分，反而會搞不懂內容在講什麼。請按部就班閱讀，以便了解後半段的內容。

Point 3 不要太計較專業術語的意義

NLP有很多獨特的專業術語，看到那些不熟悉的術語，你可能會感到困惑。不過，閱讀時不要太計較那些術語的意義。讀到後半段，你的理解度會有很大的進展。專業術語出現的地方有簡單的說明，整本書的最後也有用語解說專區，請多加利用。

最好先知道的 NLP 用語

這裡介紹書中頻繁出現的NLP 用語。

【理想狀態】Desire States

你嚮往自己達到的某種境界或狀態。

【表象系統】Representational System

利用五種知覺系統，包括視覺系統（Visual System）、聽覺系統（Auditory System）、身體感覺系統（Kinesthetic System）、嗅覺系統（Olfactory System）、味覺系統（Gustatory System）獲取資訊，加以累積和整理的手法。這五大系統合稱「VAKOG」，以其字首命名。某些情況下嗅覺和味覺系統涵蓋在身體感覺系統中，五大系統只用「VAK」代稱。

【先行表象系統】Preferred Representational System

在各種場合會優先使用的表象系統（視覺、聽覺、身體感覺、嗅覺、味覺）。

【技法】Skill

透過訓練獲得的技能或能力。

【資源】Resources

解決問題的能力或資源。用來改變現狀，達到理想狀態的一切事物和手段。NLP的觀念認為，我們本身就具有一切必要的資源。這包含了技術、知識、人際關係、過往經驗等一切的要素。資源狀態（Resourceful）則是指資源充沛的理想狀態，可以澈底發揮自己現有的資源和能力。

【結合】【分離】
Association / Dissociation

所謂的「結合」，就是融入經驗和記憶的意象中，進行主觀性的體驗（同化），感受當中的記憶和經驗。分離則是跳脫經驗和記憶的意象，以旁觀者的身分進行觀察。和結合相反，感受不到記憶和經驗。

【部位】
Parts

會引起當事人某些行為或情緒的特定部分，屬於潛意識的領域，具備獨特的機能。一旦個人內部產生糾葛，通常都和部位有關。

【良好的關係】
Rapport

信賴或友愛的感覺，人際關係中的尊重和信任，確立互相理解的關係，並且維持這一段關係的過程。

【進入狀態】【打破狀態】
Instate / Break State

「進入狀態」是指在觀想時，融入某種體驗的狀態。「打破狀態」是指脫離進入狀態，恢復日常的感覺。

【心錨】
Anchor

遇到某種刺激會自動產生特定的反應，連動刺激和反應的事物就稱為「心錨」。好比巴夫洛夫實驗中，狗狗聽到的鈴聲就是，而這個過程就叫做「設定心錨」（Anchoring）。

【引燃】
Firing an Anchor

NLP的特殊用語，意思是「引起某種反應」。比方說，引燃心錨意思是「發揮心錨的作用」。

目錄

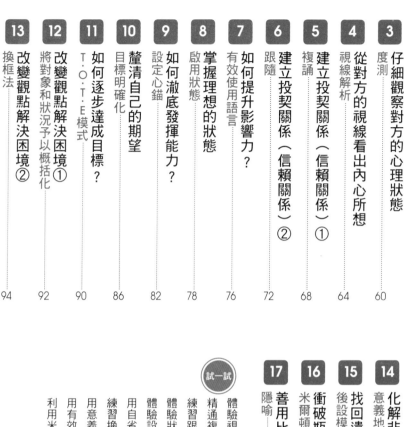

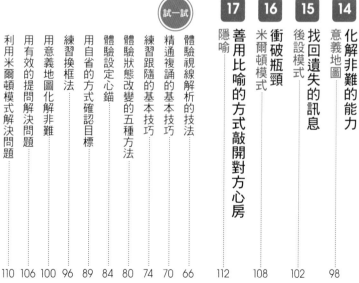

PART 3

活用NLP的技法①

如何增進溝通能力？

115～162

PART 4 活用NLP的技法②
如何提升工作技能？
163～218

PART 5 活用NLP的技法③ 擺脫煩惱和壓力

NLP講座

Column 歡迎認識NLP！

NLP MEMO

PART
1

什麼是NLP？

NLP的內涵是什麼？

幫助我們快樂生活的心理學

相信大部人都有自己的煩惱和不擅長的事情。比方說，平常練習總是很完美，一到正式上場就緊張到失常。或是一遇到可怕的上司，就不敢表達自己的主張。也有人做任何事都缺乏信心……試想，**要是能解決這些問題，人生該是何等快活啊！**

NLP就是有效解決這些疑難雜症的方法。那麼，NLP究竟是什麼東西呢？

NLP是「Neuro-Linguistic Programming」的簡寫，直譯的意思是「神經語言程式學」。

下面就說來說明各單字的涵義。

● N＝Neuro 意為「神經」。一般人是透過視覺、聽覺、身體感覺、味覺、嗅覺這五感，將外界的資訊（體驗）傳遞到腦部，再化為記憶累積起來。換句話說，N就是**五感的神經網路，負責將外界資訊傳遞到腦部**。

● L＝Linguistic 是指「語言」。語言是人類溝通不可或缺的要素，當我們需要動

順便了解一下！

●靠NLP成功的人士

托尼・羅賓斯是全球知名的NLP導師，他運用NLP的技巧，指導過無數政商名流。美國網球選手安德烈・阿格西也受過他的指導。本來阿格西世界排名只有二十多名，成績並不理想。托尼・羅賓斯只用不到一年的時間，就讓阿格西攀上網壇頂峰。

用腦內儲藏的資訊時，語言也會發揮極大的作用。

● P＝Programming是指「程式」，也就是**在腦部規畫一套系統，發揮特定的作用。**

換句話說，NLP是一種**運用五感（N）和語言（L），規畫出行為、思考、感情（情緒）的管理系統（P）**。

NLP講座

善用NLP，解決知易行難的毛病

有時候我們下定決心做好事，卻很難付諸行動。好比戒掉抽菸的惡習，或是改變做人處事的態度，努力當一個好上司，這都不容易。NLP的觀念認為，只有當我們的理智（腦袋）和感情一致的時候，才會產生做事的幹勁，主動採取行動。再者，感情很容易受到身體狀況的影響。換言之，要解決知易行難的問題，你要先改變身體的狀況。

比方說，你嘴巴上說你沒生氣（這是腦部的想法），表情卻十分僵硬，語氣也很暴躁（這是身體的狀態），不會有人相信你說的話。你要用溫柔的語氣和笑容（改變身體的狀態），說出你沒生氣，漸漸的感情才會產生變化（想法和感情一致），人家才會相信你。

很多事情只有理智（腦袋）明白是不夠的，當你的感情無法接受，那麼再好的想法就只是一種「心願」罷了。NLP有很多技巧，能夠讓我們的理智和身體狀況達成一致。如果你真的想達成心願，請認真學習NLP，讓自己心想事成吧！

掌握理想的行為和心理狀態

一言以蔽之，NLP就是**「幫助我們掌握理想狀態的方法」**。外部的體驗會化為記憶，累積在我們的腦海裡；NLP重視的是外界資訊化為記憶的過程。如果，我們可以透過其他流程記下自己的體驗，那麼相同的體驗也會有不一樣的結果。比方說，**你在記憶某項訊息（外界的體驗）時，用一套新的規畫達到理想的狀態，或許就能克服自己不擅長的事情**。

NLP揚名海內外，是一套有效的溝通和自我啟發技巧。很多人學習NLP以後，解決了多年來的煩惱，溝通能力也大幅提升，生活過得十分幸福。也有人體驗過NLP神奇的效果，直呼不可思議。NLP有大量的技法，可以用來消除不安、恐懼、憂慮、糾葛、煩惱、抗拒感、混亂、緊張等問題。也難怪不少人認為，NLP確實跟魔法一樣神奇。

NLP是利用N（神經網路）和L（語言），巧妙改善自己的行為和心理狀態（程式），藉此過上幸福快樂的人生。這是一套很美妙的技法。

順便了解一下！

●提升自我和溝通的水平

我們不只和別人溝通，也會在無意間和自己溝通。善用NLP的技法，可以提升溝通的水平，讓自己過上更充實美滿的人生。

何謂 NLP（神經語言程式學）？

舉例來說，電腦需要程式才有辦法啟動。NLP 就是利用五感和語言，規畫行為、思考、感情的機制，來善用人腦這一部與生俱來的電腦。

N Neuro

指五感（視覺、聽覺、身體感覺、味覺、嗅覺）。人類會透過五感，將外界的體驗和訊息傳遞到腦部。

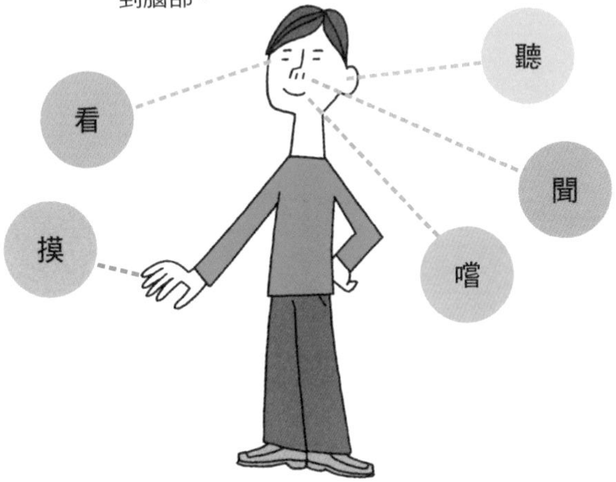

L Linguistic

指語言。語言可用來溝通或表達，甚至啟動腦內的程式。

P Programming

指程式。透過五感傳遞的訊息，需要規畫成有系統的記憶和體驗，並且視情況所需拿來應用。

NLP是如何創造出來的？

模仿三位天才治療師的手法

ＮＬＰ源自一九七〇年代的美國，這是由**約翰・葛瑞德**和**理察・班德勒**共同開發的。前者當時是加州大學語言學副教授，後者是加州大學的心理學研究生。

當年，心理治療領域有三大主流，分別是弗里茲・波爾斯的**完形治療**、維琴尼亞・薩提爾的**家庭治療**，以及米爾頓・艾瑞克森的**催眠治療**。這三個人功勳卓絕，因此享有天才治療師的美名。

約翰・葛瑞德和理察・班德勒在開發ＮＬＰ的時候，先澈底觀察他們三人的治療手法。結果意外發現，雖然這三人的治療手法迥異，但使用在案主（前來求助者）身上的治療方式，有許多異曲同工的地方。於是，他們從中汲取可以系統化的部分，進行細膩的揣摩。之後歸納出一套簡單易學的程序，讓任何人都能運用天才治療師的手法。這一套系統化的方法，就是ＮＬＰ。

這一套手法被大量應用在心理治療上，因為效果非常好，許多治療師也開始活

順便了解一下！

●完形治療

不拘泥於任何事物，包括過去和未來。努力表達自己當下的感情，重拾精神上的健康。

●家庭治療

個人的問題其實是整個家庭問題造成的，因此要從家庭下手來解決煩惱。

●催眠治療

探尋自己平日疏於關注的潛意識，找出深藏在心底的真心話或記憶，藉此解決現在的心理問題。

用NLP的技法。隨著時代演進，NLP的技法也與時俱進，**到了八〇年代已經不單是心理治療法，同時也被廣泛應用在溝通和自我啟發上**。日本也在八〇年代引進NLP，同樣有很棒的效果，所以現在被廣泛應用在教育、體壇、商場上。

NLP講座

模仿是學習的基礎，優秀的方法是有意義的

葛瑞德和班德勒最大的貢獻，在於確立「模仿」的作用（▶P158）。當我們想要辦好一件事情的時候，會模仿其他人的做法，這是任何人都會在無意間使用的方法。他們刻意開發模仿的技法，並且歸納出一套系統。俗話說得好，模仿就是學習的基礎，模仿優秀的方法是有意義的。

以我個人為例，我很害怕坐雲霄飛車。所以，我會坐在喜歡雲霄飛車的人後面，從頭到尾模仿那個人的動作。當對方高舉右手尖叫，我也高舉右手尖叫；當對方身體向右擺動，我也向右擺動。模仿久了，連情緒也跟著快樂起來了。

身體的狀態會大幅影響我們的感情。模仿快樂的人做出的肢體動作，可以放鬆我們緊張的情緒，慢慢帶動快樂的感情。

如何保持理想狀態？

學習NLP的意義和目標

學習NLP的意義因人而異，有些人想要消除對某件事的抗拒感，或者提升溝通能力。不過基本上，**大家都想保持在理想的心理狀態**。

比方說，大多數人在重要場合都有講話吃螺絲的經驗，他們可能在公司會報或結婚喜宴上沒法好好說話。明明練習的時候表現完美，實際站到群眾面前就緊張失常。同樣的情況發生在商場上，就會錯失難能可貴的機會；發生在私生活中，也會讓自己失去自信。

細究其原因，那些事情其實我們平常都做得到，所以不是能力的問題。真正的差異在於心理狀態造成的影響，放鬆時做得到的事情，在緊張時反而做不到。換句話說，**一個人能否發揮實力，完全取決於當下的心理狀態**。

如果我們可以好好管理自己，隨時保持在理想的心理狀態，那該有多好。

NLP的技法能夠做到這一點，**將行為和心理轉化為理想狀態。同時，也能強化**

順便了解一下！

●基本思維

NLP的技法主要奠定在下列幾個基本觀念上

- 我們是為了追求美好人生才來到世上的。
- NLP沒有「失敗」這回事，只要尋思改善之道，進行反饋即可。
- 所有問題都有解決的辦法（亦即理想的結果）。
- 其實我們都具備解決問題的必要能力。

我們的優點，過上幸福充實的人生。只不過，在學習這些技法之前，**要先弄清楚什麼是自己的理想狀態。**請理解後再來運用NLP技巧，達到自己追求的目標。

NLP講座 調整部位，發揮自身實力

NLP的觀念認為，每個人都有多元的能力，這些能力又稱為「部位」。有些部位會帶給我們活力，有些部位會害我們難以達成目標。

相信大家都有這樣的經驗，明明練習的時候做得很好，正式上場卻做不到，或是沒法發揮原本的實力。這代表你可能有兩個部位在同時運作，其中一個部位要發揮你的能力，但另一個部位卻在阻礙你發揮。

NLP認為每一個行為都有正面的意圖。意思是，你認為對自己不利的行為，其實背後也有某些正面的意義存在。因此，你要找出每一個部位的正面意義，找到彼此的折衷之道。如此一來，你就能更輕易發揮原本的實力。

腦部的程式來自於個人體驗

前面也說過（▼P16），**NLP是運用五感（N）和語言（L），規畫出行為、思考、感情（情緒）的管理系統（P）**。那麼，N、L、P這三者是如何聯繫在一起的？

外界的訊息會透過視覺、聽覺、身體感覺、味覺、嗅覺這五感，傳遞到我們的腦部，並產生新的應用程式，最後化為記憶和經驗累積在腦海裡。換句話說，**腦部的應用程式來自於個人的體驗**。一旦應用程式成立，未來在有需要的情況下，隨時可以啟用。

比方說你在看電視，電視上出現你很喜歡的蛋糕。可能你沒有吃過那種蛋糕，但感覺起來好好吃。有些人口中還會分泌唾液，因為過去的經驗和記憶告訴我們，蛋糕是一種非常好吃的東西。腦部已經有了這種應用程式，所以看到蛋糕就發揮了作用。

順便了解一下！

●語言也是一種體驗

當我們使用語言或聽到語言，腦海中就會浮現相關的意象。也就是說，語言會自行啟動腦部的應用程式。同時，系統一經啟動後，就會化為一種體驗累積在腦海中。

另外，人類會用語言來進行溝通，平常我們會依照過去的體驗來使用語言。以剛才的蛋糕為例，當你在電視上看到蛋糕，打算告訴其他人的時候，就會用語言（L）來進行表達。語言說出口以後，就會化為新的體驗累積在腦海中。

有鑑於此，人類在理解某件事，或是表達某件事的時候，會下意識的使用五感（N）、語言（L）、應用程式（P）。

NLP講座　了解思考的傾向，掌握靈活思維

了解自己腦部的規畫方式，是改變自己的必要過程。首先，請確認一下你是如何看待周遭發生的事情。

比方說，你在處理某件新工作的時候，會先想到什麼？是自己功成名就的形象，還是防範失敗的方法？當然，你也可能擔心自己失敗，這都沒關係。

不管是正面或負面的想法，不同觀點都有其優缺點，很難說哪一種比較好。關鍵在於，你要了解自己思考的傾向，並接受那種傾向。做到這一點以後，你會對不一樣的思維產生興趣，思考幅度也將更寬廣。

如果你習慣想像自己功成名就，你就要準備好防範失敗的策略，提高自己的勝算。想像一下現實中不可能發生的失敗，其實也有機會學到一些教訓。

如何深入了解NLP？②

了解腦部的基本運作方式

NLP經常被評為**「腦部的使用說明書」**，那是因為NLP的技法會影響腦神經系統，改善個人的狀態或症狀。只有透析腦部的運作方式，才有可能做到這一點。因此，最好先大略了解一下腦部的基本運作方式，才好深入領會NLP的內涵。

①訊息會透過神經網路，傳遞到腦中累積起來

外界的訊息（發生的事情）會透過視覺、聽覺、身體感覺、味覺、嗅覺這五大神經網路，傳遞到腦中。這些訊息會化為經驗和記憶，在腦中規畫出一套系統，並累積在腦海裡。

②訊息累積在腦海裡的同時，將對該項記憶或經驗產生特定的反應模式

累積在腦海中的記憶和經驗，會各自衍生特定的反應模式。未來碰到類似的體驗，就會重複那種反應模式，化為更深刻的記憶和經驗，刻劃在腦部當中。

③腦部難以區分現實和想像

順便了解一下！

●一見鍾情就是一種反應模式

當我們遇到喜歡的異性，有時候會產生臉紅心跳的反應。這就屬於一種特定反應模式，當我們對某件事心生抗拒時，也會用同樣的方式運作腦神經系統。

腦部是用同一套神經系統，來處理想像體驗和實際體驗，再對不同的器官下達指示。

因此，當我們在回想或想像某件事時，腦部產生的反應就好像身歷其境一樣。所以我們會產生一種類似實際體驗的感覺。這就好比你想到梅干或檸檬，口中自然會分泌唾液，就是這種作用造成的。

NLP講座

利用腦部原有的能力，獲得你想要的一切

心理學將外界（身體外部）發生的事情稱為「外在體驗」，至於假想或想像這一類在腦海中發生的事情，則稱為「內在體驗」。

腦部有不可思議的力量，即便是現實生活中沒發生的內在體驗，我們也可以得到近乎真實的感受。比方說，你在看電影的時候，看到一輛著火的汽車朝你衝過來，你會忍不住縮起身子。你在當下感受到的恐懼就算不是真的，也跟實際的恐懼感不遑多讓。

此外，腦部產生的意象，對我們也有各種不同的影響。例如，你達到公司規定的業績，甚至拿出更好的成果，主要是腦部觀想成功的意象，並且以成功為目標，每天幫你規畫行動的關係。換言之，只要你善用想像力，獲得近似於實際體驗的效果，就有機會得到夢寐以求的成果。

④尋常「意識」無法一心二用

所謂的「意識」是指有自覺的狀態，跟「潛意識」相比，尋常「意識」的訊息處理能力十分有限。在尋常「意識」的狀態下，最多只能同時辨別七件事物。有時候，甚至只會察覺到（或看到）自己關注的事物。好比注意力集中的時候，在吵鬧的地方也看得下書，這就是尋常意識的作用。反過來說，尋常意識只會察覺自己想看的事物。這也代表我們都是在有限的訊息中，體會各式各樣的經驗。

⑤腦部嚮往「安心和安全」，會主動迴避「痛苦」

人類有追求安心和安全的本能，因此，腦部嚮往那些帶來喜悅和快感的事物，同時迴避痛苦和厭惡感。比方說，有一隻大型犬對你叫，讓你心生恐懼；未來你只要看到狗，就算不是大型犬，你也會主動避開。這是腦部再也不想經歷痛苦的體驗，所刻劃的反應模式。

NLP的技法可以影響我們的五感，達到理想的行為或心理狀態，同時發揮自身的優點。先找出自己嚮往的狀態和目標，充分活用NLP的技法，就可以掌握幸福充實的人生。這才是NLP的目的。

順便了解一下！

●**嚮往「安心和安全」的理由**

腦部除了嚮往「安心和安全」以外，也嚮往快感（幸福和喜悅）。據說，當我們在處理關乎快感的思緒和行為時，腦部才會發揮最大的效用。

腦部的功能和特徵

先了解一下腦部的基本功能和特徵，有助於我們深入了解 NLP 的內涵。

①②是腦部的功能（產生一定行為的過程）。
③④⑤是腦部的特徵。

① 訊息透過神經網路傳遞到腦部，累積在腦海中。

② 對某些記憶和經驗產生特定的反應模式。

③ 難以分清現實和想像。

④ 尋常「意識」下無法一心多用。

⑤ 嚮往「安心和安全」，會主動迴避「痛苦」。

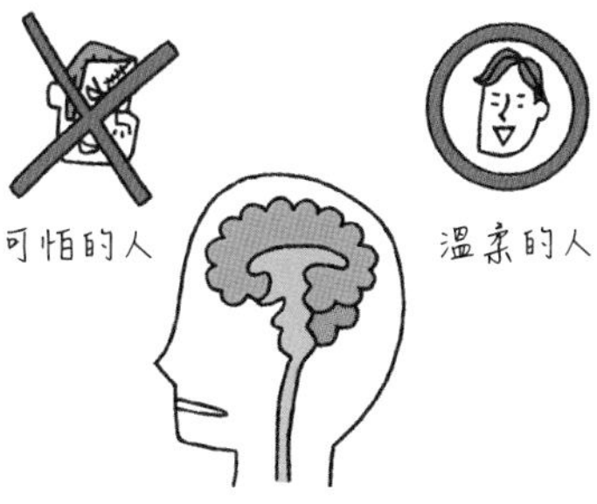

如何解決溝通問題？

NLP和表象系統

人類透過眼、耳、口、鼻、皮膚這五種感覺器官，察覺外界的訊息（體驗），而腦部的感覺系統負責處理這些訊息。NLP稱其為**表象系統（或代表系統）**。

五感合稱「VAKOG」，以其英文字首命名：視覺（Visual）、聽覺（Auditory）、身體感覺（Kinesthetic）、嗅覺（Olfactory）、味覺（Gustatory）。

NLP特別重視**V、A、K**這三種感覺。詳細研究表象系統一連串的運作過程，可以得知當事人特有的傾向。比方說，某些人在做決策的時候，會特別重視影像資訊（視覺），有的人則是依賴建議（聽覺）做判斷。也有人純粹是靠手感或感覺（身體感覺）來做決定，這又稱為**「先行表象系統」**。

每個人的傾向都不一樣。假設現在有一隻小狗，習慣用視覺（V）來判斷的甲先生，看到小狗可愛的外貌，決定認養那一隻小狗。習慣用聽覺（A）來判斷的乙先生，聽到小狗的叫聲後，也許就不想認養小狗了。丙先生則可能用抱住小狗

順便了解一下！

●**先行表象系統**

據說，先行表象系統的差異，會體現在我們使用的語言上。不同的傾向有不一樣的說話特徵……

●側重視覺的人：這種人習慣使用視覺性的形容法，好比明亮或顏色等。

●側重聽覺的人：這種人習慣使用狀聲詞，好比嘰嘰喳喳等。

●側重身體感覺的人：這種人習慣使用感覺性的形容法，好比飄飄然或火大等。

的感覺（K），來判斷要不要認養。V、A、K這三者的傾向，多數情況下會影響到我們的認知和判斷。

當你和別人溝通出問題的時候，可能是雙方的先行表象系統不一樣造成的。只要你觀察對方在意的事物和各種反應，就能知道彼此的先行表象系統有何差異。這麼做有助於理解你自己和其他人。

NLP講座

使用語言的習慣和先行表象系統大有關聯

在日常生活中，我們都是很自然的用語言來溝通。好比用語言表達自己的所見所聞和經歷（視覺、聽覺、身體感覺），或是用語言傳遞訊息，互相了解彼此。換句話說，表象系統當中的視覺、聽覺、身體感覺和語言有密切關聯，我想這一點應該沒人反對。

事實上，味覺和嗅覺也跟溝通有一定程度的關聯。比方說，我們會用「吃乾抹淨」或「一口咬定」等詞彙，或是用「可疑的氣息」來形容某些人事物。人類會使用跟味覺、嗅覺有關的形容方式，也間接印證了表象系統和語言的關係。

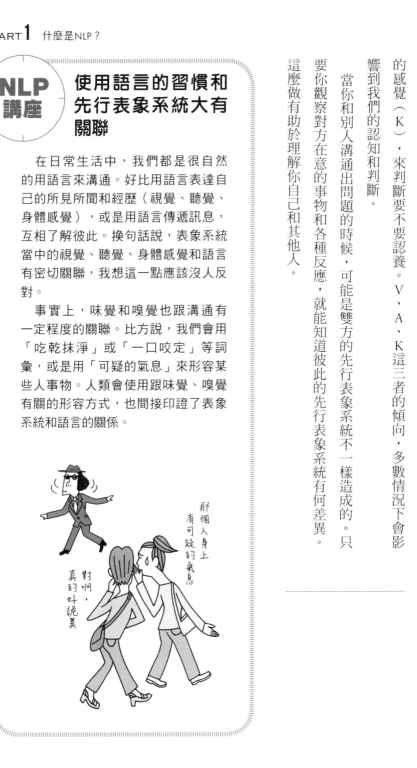

如何了解自己內在的變化？

關鍵在於感悟

有時候，**我們實際做出來的行為，不見得符合自己的期望**。比方說，你不擅長處理某件事情，頭腦也想要克服這個問題，但心底（潛意識）卻想逃避不擅長的事物。兩種相反的念頭互相牴觸，就會形成難解的糾葛，徒增解決問題的難度。

你得確實了解自己想要什麼，才有辦法解決問題。要做到這一點，你必須深入反照自己的內心。NLP的訓練非常重視這一點，當事人要感悟自己內在發生的變化，並且仔細觀察變化的過程，理解變化的原因。專注觀察自我，察覺自己的本性，這是很需要勇氣的事情。再者，要一直持續下去也不容易。有時候，你可能會發現意想不到的自我，受到很大的衝擊。然而，跨過這一道難關，深入了解自己的心性，會得到以下幾個很棒的效果。

①**掌握靈活應對變化的能力**、②**可以輕易辦到困難的事情**、③**減輕痛苦**、④**養成精確的判斷力**、⑤**對自己的行為更有信心**、⑥**掌握自省的能力**、⑦**善用NLP**

順便了解一下！

●**感悟**

我們會在腦中累積各種訊息，不管有意或無意。在意識清醒的狀況下，去理解潛意識掌管的訊息，這又稱為「感悟」。

的各項技法，甚至可以強化前面提到的效果。

深入感悟自己的心性，可以讓我們過得更加自在，活出自己的人生。在下一個小節的「試一試」專欄中（▼P34），請好好體會一下何謂感悟。

NLP講座

感悟可以帶來全新的能力

我們會在腦中累積各種訊息，不管有意或無意。有的訊息缺乏明確的意義，甚至未經處理就累積在腦海中。這時候，腦部會在無意識的狀況下，持續尋求答案和解決的方法。當我們找到有助於解決問題的經驗或記憶時，就會以「靈光乍現」的方式呈現出來。事實上，這也是一種感悟。

腦部通常只會把注意力，放在我們想要感受或見聞的事物上。明明外在還有諸多訊息，腦部卻視而不見。比方說，我們肚子餓的時候，一下子就能從大量的商店中找出餐廳和便利商店。那是因為在那個當下，我們需要餐廳和便利商店的緣故。

不過，如果我們在關注焦點的同時，還有餘力去關注其他的訊息，或許有機會掌握全新的能力，發揮更強大的才能。

試一試

試著注意自己的身體變化

▼▼▼不花時間就能觀察自我的好方法

寫這一個專欄的目的，是希望各位好好感悟。因此重點在於嘗試這個課題，好好感悟自己心中發生的微妙變化。那好，請先平心靜氣，仔細觀察自己的身心有何變化吧！

課題 1

想像自己對著一大群人自我介紹

想必各位都經歷過必須自我介紹的狀況，請想像一下那個情境。然後觀察一下，你的身心發生了何種變化。

這樣算成功

➡不曉得該些說什麼，非常緊張。
➡擔心自己無法好好表達，情緒逐漸不安。
➡不擅長自我介紹，想要逃離現場。
➡開始做準備，思考自己該說些什麼。
➡認為這是一個推銷自己、結識新朋友的好機會，因而躍躍欲試。

課題 2

想像你跟一個合不來的對象碰面

我知道，沒有人喜歡去想合不來的對象，但還是要請你努力試一下。重點是你要察覺自己的身心發生了何種變化，步驟如下。

STEP 1 準備兩張椅子

STEP 2 開始想像

這樣算成功

- ➡ 身體的一部分開始緊張僵硬。
- ➡ 意象逐漸鮮明，你忍不住移動椅子拉開距離。
- ➡ 心情變得很沉重。

如何建立良好的溝通關係？

主觀和腦內地圖

我們會將各種訊息傳遞到腦部，再化為記憶累積起來。這時候，訊息會經過當事人特殊的過濾機制，舉凡經驗、文化、語言、信念、價值觀、認知等都有影響。由於經過過濾，因此刻劃在腦中的體驗和實際的體驗有落差。**這種經過當事人過濾的體驗和記憶，NLP稱之為「地圖」**。每一個人的腦內地圖都不一樣，NLP所指的腦內地圖，意思是把個人體驗簡化或一般化，以達到方便溝通的效果。這就好比日本地圖不代表真正的日本，NLP的說法是**「地圖不等於疆域」**。

換句話說，**每個人都有自己的腦內地圖，人們以此為基準，來做出思考和行動**。可能同一個體驗在不同人眼中有不一樣的看法。常言道，溝通不是一件容易的事情，如果我們事先理解對方的腦內地圖，就可以省下不少力氣了。況且，了解對方的腦內地圖，有助於深入了解對方的為人。萬一雙方對立，你可以參考對方的地圖來思考應對策略。

順便了解一下！

●地圖並非疆域

這是NLP探究個人問題的一大前提。經過當事人過濾（這裡的過濾機制，是指當事人的價值觀、世界觀）的「事實」（地圖），並不等於現實（疆域）。現實會被過濾成簡化的記憶，來滿足當事人的目的。

了解對方的腦內地圖，會有下列幾種變化。

①了解對方的腦內地圖，改變你對那個人的評價和行為。

②表達你的諒解，對方也會改變他的行為和思維。

③雙方互相理解，緩和緊張與對立。

了解彼此的腦內地圖，有助於建立良好的溝通關係。

NLP講座 一般化會限制行爲和個人彈性嗎？

我們在轉達現實的體驗之前，會先經過一般化。因為這麼做，可以讓日常生活過得更有效率。

比方說，你剛進旅館客房要開燈的時候，一定會立刻伸手尋找開關。因為你大概知道每個房間的電燈開關設在什麼地方。參考腦內累積的各種體驗，事先進行猜想，這就是所謂的「一般化」。

再舉一個例子，有些人家裡的水龍頭開關，是要往下拉才會出水。當他們去用那種要往上拉才會出水的水龍頭，一定也會基於過去的習慣往下拉。這種現象也稱為「一般化」。

約翰・葛瑞德和理察・班德勒（▶P20）認為，在某些情況下，一般化反而會破壞我們靈活應對的能力，就好比上述提到的水龍頭一例。

試一試

了解自己的地圖

▼▼▼以某項主題為基礎，自由發揮想像力

課題

想像自己待在海上

這是要幫助我們釐清，自己是如何記憶個人體驗的。雖然只是想像自己在大海上，但每個人的觀想方式都不一樣。這種落差有重大的意義，也代表每個人使用五感的方式不一樣。

STEP 1

觀想

想像自己在大海上，重點是要有身歷其境的感覺。

⇒側重聽覺訊息的人

- 想像四肢碰觸到沙灘的感覺。
- 想像海風吹拂的感覺。
- 想像海水的味道。

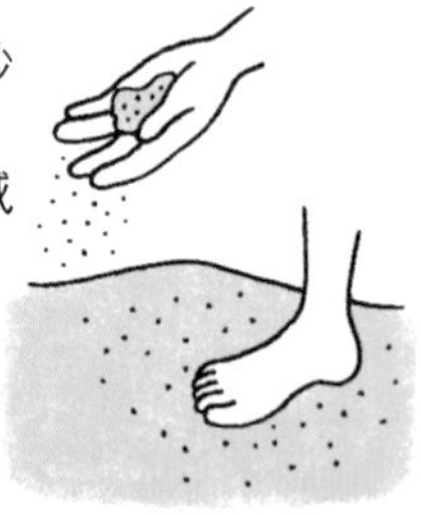

⇒側重身體感覺訊息的人

就算用同樣的主題來進行觀想，每個人的腦內地圖不同，腦海中浮現的情節和內容也各有差異。請各位用某一個主題來當基礎，任由想像力自由發揮吧！找其他人一起觀想，你會發現彼此的腦內地圖不同。

STEP 2

確認觀想內容

確認自己回憶的是什麼情景，以達到身歷其境的效果。

STEP 3

記錄

記下自己回憶的情景，或是畫成圖像留存。

這樣算成功 **根據觀想的內容，判斷自身的傾向！**

- 想像藍天
- 想像水平線
- 想像湛藍的大海
- 想像白色的浪濤
- 想像遠方的小島
- 想像海上輪船

⇒側重視覺訊息的人

- 想像海鷗或其他飛鳥的聲音。
- 想像海浪的聲音。
- 想像輪船的氣笛聲。

真正的力量隱藏在潛意識中

意識和潛意識

人心大致上分為**「意識」**和**「潛意識」**這兩大領域。**「意識」**顧名思義，**就是我們有自覺的部分，潛意識則是沒有自覺的部分**。一般認為，潛意識的能力比意識大多了。

因為人在有意識的情況下，腦部的處理能力受到很大的限制。比方說，我們在平常意識清醒的狀態很難一心多用。你在思考晚餐要吃什麼的時候，很難同時思考工作上的企畫。另外，就算我們周圍有很多訊息，也只會察覺（或看到）自己關注的內容。

相對的，潛意識具備各式各樣的能力。美國心理學家米爾頓・艾瑞克森認為，**潛意識中藏有人類真正的期望，以及解決問題的能力（資源）**。因此，治療師的工作是針對案主（前來求助者）的潛意識，讓他們察覺自己有解決問題的資源。

順便了解一下！

●**資源**

解決問題和達成目標的各種能力，皆統稱為「資源」。資源的內容廣泛，每個人在不同的情況下，都具備各式各樣的資源。舉凡興趣、特長、人脈都算資源。另外，被老師稱讚的體驗，還有旁人的親切相待，也算是一種資源。

看似不需要的事物，其實是自我防衛的手段

人類在受到某些刺激的時候，身心會同時產生反應。這時候，**我們的身體會產生直截了當的反應，但心靈未必如此**。比方說，有時人心會產生好幾種不同的思維或情緒，相信大家都有類似的經驗。因此會有理智管不動人心的矛盾現象，或

NLP講座 你不樂見的行爲，其實也有正面的意圖

就算你想要矯正某些行為，那些行為背後可能也有正面的意圖。我們的潛意識中有些部位具備另類的思維和情感，除非部位（▶P23）同意，否則你改變不了那些行為。如果你沒有深入潛意識，還想強行矯正那些行為，就可能罹患身心症和憂鬱症。

反過來說，只要你想辦法達到理想的狀態，就可以改變潛意識中的部位。那麼，該如何做才好呢？首先，你要從潛意識中，找到那個不斷害你犯錯的部位，然後真誠面對自我。接下來針對那個部位，「發現」和「理解」當中隱含的正面意義。唯有跟自己的部位和解，你才能夠心想事成。

是腦袋突然靈光乍現，浮現一些嶄新的想法。

這是**潛意識中的程式啟動，使腦部和身體產生反應，和普通的意識無關**。換句話說，潛意識中也有一套程式，會在必要時啟動，影響我們的行為和思考。

例如，你搭電車曾經碰到可怕的事故，後來不敢再搭電車。就算你的理智明白電車是相對安全的交通工具，潛意識也會基於過去的體驗，而啟動害怕電車事故的程式，做出不敢搭乘電車或逃離電車的反應（行為）。當事人也許不樂見這種行為，但歸根究柢，這主要是一種不想再經歷痛苦的自我防衛本能，當中隱含著**「正面的意圖」**。因為是用來自保的手段，你有意消除也不見得會成功。

假設你有一個想要矯正的毛病，**你要先在潛意識中，找到那個毛病的「正面意圖」**。前面也提過，**潛意識具有解決問題的能力（資源）**。關鍵在於誠懇面對自我，想方設法達成理想的狀態。

每個人都具備大量的資源，只是我們沒注意到，不懂得如何使用罷了。善用NLP的各式技法，可以幫你察覺到那些資源，並加以利用。

順便了解一下！

●意識和潛意識的比例？

據說，意識和潛意識相比，潛意識的比例壓倒性的高。儘管各學派有不同的說法，但一般來說意識只占百分之1到3；潛意識占百分之97到99。

意識和潛意識的關係

一般來說，「潛意識」的能力比「意識」更強大。外界帶來的各種體驗幾乎都儲存在「潛意識」中。

① 外界的訊息透過五感傳遞到腦部。

② 幾乎都累積在潛意識中。

③ 意識只會察覺到我們想關注的事物。

例

在一大群人之中，馬上認出自己喜歡的對象。

意識和潛意識攜手合作 ①

根據潛意識中的經驗，想起拉麵很好吃的回憶。

看到介紹拉麵的節目 ➡ 感覺好好吃喔！

意識和潛意識攜手合作 ②

根據潛意識中的經驗，想起被狗吠的恐怖回憶。

碰到狗 ➡ 快點逃！

學習改變自身狀態的方法

改變表象系統，提升自我幹勁

相信各位都有自己的煩惱。好比重要的會議當前，卻提不起幹勁做準備，或是在上司面前唯唯諾諾，不敢表達主張。也有人害怕電梯，不敢搭乘等……使用NLP的技法有機會提升心理狀態，解決這些惱人的毛病。

我們經常有身心不適或慵懶的感覺，但那種感覺到底是怎麼來的？

事實上，**心理狀態源自於腦部程式的作用。當某件事情啟動腦內的程式，就會產生特定的情緒**。心理狀態多半是**V（視覺）、A（聽覺）、K（身體感覺）**這三種**表象系統**（▼P30）造成的（嗅覺和味覺也有關係）。根據NLP的觀念，善用V、A、K這三種表象系統，有助於改善當下的心理狀態。

比方說，在缺乏幹勁的時候，請想像一下自己最有幹勁的模樣。而且要**具體想像當時的V、A、K，不斷在記憶中重現。於是，心理狀態會漸漸產生變化，變得充滿幹勁。**

順便了解一下！

●活用自己的先行表象系統

活用自己的先行表象系統，可以提升學習的效率。重視V（視覺）的人，不妨多看一些參考書。重視A（聽覺）的人，不妨使用錄音教材。重視K（身體感覺）的人，就用親手書寫的方式增進學習效率。

另外，當我們聽到語言的時候，潛意識會做出反應，從自身的體驗和記憶中挑出相符的要素。順帶一提，假如我們聽到視覺性的語言，就會想出特定的影像；假如我們聽到聽覺性的語言，就會想起特定的聲音或音樂；假如我們聽到感覺性的語言，就會想起特定的影像、聲音、音樂。浮現在腦海中的體驗和記憶，也會伴隨過去的情緒。善加運用V、A、K這三種語言要素，可以導引我們達到理想的狀態。

NLP講座

想要刺激幹勁，先弄清自己的表象系統

如果，你想要打造一家符合你個人品味的商店，請問你會怎麼做？請你把自己當店主，畫一張設計圖出來。重點是你要拿出幹勁，真的想設計一家會賺錢的商店。然後，你在想像時要樂在其中。最好拿一張圖畫紙和一支蠟筆，畫出店鋪的意象圖吧！

畫好以後，請仔細端詳那一張圖的特徵。你的店鋪重視的是裝潢和設計嗎？還是你想打造一家寧靜的店鋪，讓客人放鬆閒聊？或者，你想營造一種放鬆的氣息，光是坐下來就能達到放鬆的感覺？

你的先行表象系統（V、A、K）可能會影響到那一幅畫，請仔細觀察一下。

改變次感元，消除內心的抗拒感

上司整天擺臭臉給你看，前輩也動不動就找你麻煩，光想就覺得鬱悶對吧？**碰到這些合不來的對象，不妨在想像中改變次感元，試圖扭轉你對那些人的印象。**

所謂的次感元其實是**「從屬要素」**的意思，可以說是**表象系統更細微的構成元素**。每一種表象系統，都有下列的構成要素。

- **視覺的次感元**：顏色、形狀、亮度、動作、距離、位置等。
- **聽覺的次感元**：音量、音調、速度、節奏等。
- **身體感覺的次感元**：溫度、壓力、濕度、觸感、重量感等。

那好，上司整天擺臭臉給你看，什麼樣的方法可以有效改變上司的印象？如果你是重視視覺表象系統的人，利用視覺的次感元，把上司想成一個小丑或許有幫助。或者，你可以想像上司被一群小朋友團團圍住。只要能減輕恐怖的感覺，這對你來說就是好方法。

換言之，在想像中可以改變各種要素，好比顏色、明亮、音量、溫度等。建議你觀想一下自己討厭的人，置換成各種次感元，試著改變對方的印象吧！

順便了解一下！

●記憶的溫度

關於身體感覺的次感元有一個說法是，當我們想起快樂的回憶時，會感受到溫暖。反之，當我們想起悲傷或痛苦時，就會感受到冰冷。請各位試著回想一下以往的經歷吧！

試著改變你的次感元

所謂的「次感元」，是「從屬要素」的意思。也可以說是表象系統更細微的構成元素。改變你的次感元，重新進行觀想，對於那些不討喜的人事物，你就可以扭轉其印象。

改變視覺的次感元

例
- ◆改變顏色
- ◆改變形狀
- ◆改變亮度
- ◆改變彩度
- ◆改變動作
- ◆改變距離
- ◆改變位置

把這個人
當成小白兔
就好！

音量
調低一點

改變聽覺的次感元

例
- ◆改變音量
- ◆改變音調
- ◆改變速度
- ◆改變節奏

改變身體感覺的次感元

例
- ◆改變溫度
- ◆改變壓力
- ◆改變濕度
- ◆改變觸感
- ◆改變重量感

想像這東西
很輕就好

善用結合和分離

結合（Association）和**分離**（Dissociation）是一種很重要的概念，算是NLP的技法基礎。

所謂的「結合」，就是當事人在回想過往經歷的時候，產生非常具有臨場感的意象，彷彿身歷其境一樣，甚至沉浸在過往的感情和感受中。例如，過往的經歷很痛苦，回憶也伴隨著痛苦的感覺；過往的經歷很愉快，回憶也伴隨著愉快的感覺。

分離則是站在客觀的立場，觀想過去的經驗，猶如在看電影一樣。把自己也當成整個回憶場景的一部分，保持冷靜的觀察態度。分離和結合不同，沒有身歷其境的臨場感，不會體驗到和過去一樣的情感，諸如痛苦或快樂的情緒也不存在。

NLP的各種技巧都奠定在這兩大概念上。以結合為例，回想過去快樂或成功的體驗，可以感受到以往的成就感和興奮感。這種手法能達到理想的情緒狀態，並加以維持。

分離則是反過來利用沒有臨場感的優點，減弱或消除以往感受到的恐懼。有時候，NLP會視情況需要，搭配使用結合和分離的技巧。

順便了解一下！

●各種NLP技法的基礎

沒有結合和分離的技巧，很多NLP的技法也無法使用。好比設定心錨（▼P82）、消除恐懼症（▼P224）等。這兩大概念算是NLP技法的基礎。

何謂結合和分離？

結合和分離是非常重要的概念，可以說是 NLP 各大技法的基礎。具體來說分別有以下幾大要素。

結合（Association）		分離（Dissociation）
有臨場感 身歷其境感受過去的經驗和想像	狀態	沒有臨場感 保持距離感受過去的經驗和想像
主觀的	思維	客觀的、中立的
伴隨感情 沉浸情緒	狀況	沒伴隨感情 冷靜
主角	立場	旁觀者

身歷其境感受過去的經驗，會伴隨感情反應，體會到以往的痛苦或喜悅。

站在第三者的角度旁觀，不伴隨感情反應，可以保持冷靜。

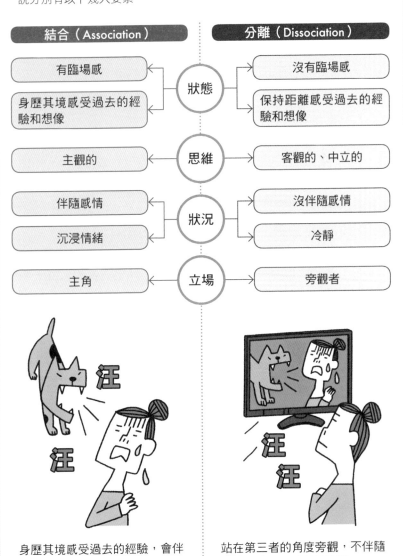

NLP 和教練法的差別

NLP 和教練法可以融會貫通嗎？

近年來，教練法這套溝通技巧受到廣泛的矚目。NLP 和教練法各有其發展，也有許多相似的地方。因此，大家也經常討論 NLP 和教練法的差異。

教練法著重提問導引

所謂的「教練法」，是一套用來培育人才的技巧。過去主要活用在體育界，最近教育界、醫療界、商界也有活用這一套技法。也有個人接受指導的案例。

換句話說，教練法的目的在於培育人才。具體方法是先設定一個目標，再決定需要哪些技巧和知識來達成目標。指導者會持續幫助當事人，直到當事人擁有必要的知識和技能，並達成目標。

教練法的特色是採用提問的導引方式，跟指導或教育不同。通常是對當事人提出問題，給予自行思考答案的機會。一般來說，這種提出問題的指導方式，可以有效提升當事人解決問題的能力。現在有越來越多的企業，希望員工自動自發，而不是一昧等待上司的指示。在這樣的求才趨勢下，難怪大家對這一套方法也趨之若鶩。

NLP 著重治癒的要素

NLP 和教練法的手段很相似，也有一些共通點。兩者都是用語言影響當事人，再仔細觀察當事人的狀態，並採取合適的應對措施。不過，教練法的目的是幫助當事人達成目標，NLP 則有比較高的療癒性，主要協助當事人解決問題和煩惱。雙方的基本思維有差。

近年來，還有一種新的 NLP 教練法，也就是結合這兩種技巧的方法。具體來說，在使用教練法指導當事人的時候，會適當融入一些 NLP 的技法，提升指導的成效。換句話說，學習 NLP 的技巧，有助於提升教練法的效果，增加成功的機率。

PART

2

NLP有哪些技法？

1 如何達到理想狀態？

NLP的基本技法

NLP是幫助我們達到理想狀態的技巧。每個人使用的目的不盡相同，有些人用來消除不安和恐懼，緩和內心對某些事物的抗拒，也有人用來提升幹勁和溝通能力。

目的越明確，就越容易達成目標，此乃NLP的特色。而**技法**就是幫我們達成目的的必要手段。

NLP有大量的技法，應該使用何種技法，完全取決於當事人的需求。有時候可能使用一項技法就足夠了，也有可能要搭配好幾種技法。因此關鍵在於，使用之前要先了解各種技法的內容和效果，以及執行的重點。

技法面面觀

那麼，NLP有哪些技法呢？以下介紹幾大基本技法。

- **度測**（▼P60）：仔細觀察對方的言行舉止和其他要素，了解對方的狀態。掌握對方的狀態，溝通起來會更加順利。
- **視線解析**（▼P64）：觀察對方的視線移動，了解其內心的動靜。這個技法很適合用來建構良好的溝通。
- **複誦**（▼P68）：重述一遍對方說過的話。NLP認為溝通的基本在於「投契關係」（信賴關係）。複誦是一種建立信賴關係的有效技法，另外還有

跟隨（▼P72）和導引（▼P162）等技法，也很適合用來建立信賴關係。

● 設定心錨（▼P82）：連結外在的刺激和內在的反應，形成穩固的聯繫。當事人一接收到特定的刺激，就會立刻產生反應，因此這一套方法適合用來管理心理狀態。

學習技法的重點

實際運用技法的時候，技法的熟練度會影響到使用的效果。因為，在尋常意識下我們的腦部難以一

技法範例

NLP 有各式各樣的技法，請先掌握各種技法的內容和效果，以及執行的重點。

- **度測**

⇒用來改善溝通很有效

觀察對方的言行舉止，了解其狀態。

- **視線解析**

⇒用來改善溝通很有效

觀察對方的視線移動，了解其內心的動靜。

- **複誦**

⇒用來建立投契關係（信賴關係）很有效

重述一遍對方說過的話。

- **設定心錨**

⇒用來自我管理很有效

將外在的刺激（外部刺激）和相對的內在反應連結在一起。如此一來，日後受到同樣的刺激，隨時都能產生相同的內在反應。

心多用，如果你在使用時還要思考運用順序，那麼就很難順利施展技法。

當然，**越熟練的技法效果越高**。這就好像在練騎自行車一樣。一開始騎自行車的時候，就算有人幫你支撐重心，你也很難保持平衡，搞不好連要好好踩踏板都有困難。在這種情況下，你也沒辦法享受騎自行車的樂趣。

不過，等你練到可以保持平衡，就會感受到騎自行車的樂趣了。再練得熟練一點，即可自在駕馭自行車了。你想騎自行車去哪裡都沒問題，絕對比一開始練習還有趣。NLP的技法也是一樣的道理，**必須經過一定的練習才能應用自如**。

NLP的觀念中有所謂的**「四大學習階段」**，這是學習技法的程序（詳見左頁）。第四階段是最熟練的階段，想要自在運用NLP的技巧，最好練習到這個階段。

反覆練習最為有效

那麼，該怎麼做才能達到第四階段呢？

第一章中有提到，外部體驗會在腦中建構一套應用程式，隨著體驗的次數增加，程式也會被強化（▼P24）。學習也是一樣的道理。

學習技法（體驗技法）會在腦中形成一套程式，反覆學習下去，會深深刻劃在腦海裡。因此，反覆練習是學習技法的一大關鍵。

學習技法的四大階段

NLP 的觀念中有所謂的「四大學習階段」，這是學習技法的程序。

意識上的訓練阻礙
這一個阻礙只要持續練習，就有辦法跨越。所謂的「有意識」，是指用思考做決定或下決心的狀態。至於有意識無能力，是指當事人空有知識，卻無法運用的狀態。必須經過持續練習才能妥善運用。

第1階段　無意識無能力
完全沒學過知識，初學者的狀態。

第2階段　有意識無能力
空有知識，但無法自在運用。

第3階段　有意識有能力
在有意識的狀態下，可以做到某種程度。

第4階段　無意識有能力
不用思考也做得到的狀態。要達到這個階段，才能自由運用NLP的技法。

無意識的阻礙
靠自身的領悟力，或是靠肌肉記憶就能跨越的阻礙。因為一開始無意識，所以什麼都做不到。但可以進步到下一個階段（跨越阻礙），也就是在有意識的情況下，達成特定行為。

2 順利溝通的方法

表象詞彙

其實只要我們仔細觀察，就可以從旁人的言行舉止中，察覺某些特定的傾向，只是一般人平常不會留意罷了。

NLP的觀念認為，**這跟當事人側重的表象系統有關**。比方說，每個人在討論電影的感想時，之所以會有不一樣的表達方式，主要就是跟這一點有關。

在第一章有提到，我們是透過視覺、聽覺、身體感覺、味覺、嗅覺這五感，將外界的訊息累積在腦部中。而這種吸收外在訊息的處理系統，NLP稱之為「表象系統」（或代表系統）。而在五感當中，又以視覺（Visual）、聽覺（Auditory）、身體感覺（Kinesthetic）這三者為重。

在碰到外在訊息時，會優先採用哪一種感官系統，其實是因人而異的。每個人都用自己慣用的感官，NLP稱之為「先行表象系統」。

訊息就隱藏在對方的言語中

一般來說，先行表象系統側重V（視覺）、A（聽覺）、K（身體感覺）的任何一種，都會在言行舉止上呈現某種程度的傾向。反過來說，**只要你仔細觀察對方，找出側重的傾向，即可得知對方的先行表象系統**。

NLP特別著重觀察語言，每一種先行表象系統都有特定的語言傾向。像這種語言又稱為「表象詞彙」，在舉辦NLP的講座時，**找出對方的表象詞彙**是非常重要的練習，可以看出當事人究竟側重

V、A、K的哪一種。

表象詞彙是了解對方表象系統的線索，在溝通時也有很大的作用。尤其在建立投契關係（信賴關係）的時候，也是重要的參考依據。

溝通講究親近感

有時候我們在溝通時會發現，對方的言談有種說不出的異樣感。一般來說**溝通是用語言進行的，當你太在意語言本身，就很難專注聆聽內容**。這是因

NLP講座　了解對方的表象系統，建立深厚的投契關係

為什麼NLP一再重申，看出對方的表象系統非常重要呢？

運用適當的言詞迎合對方的表象系統，有助於建立投契關係（信賴關係）。問題是，萬一用了不恰當的言詞，會發生什麼事呢？

比方說，對方問你能否看到他的願景（視覺詞彙），你要回答自己歷歷在目，猶如身歷其境（視覺詞彙），這樣才算迎合對方的表象系統。如果你用聽覺詞彙或觸覺詞彙來回答，就沒有迎合對方的表象系統，對方可能會有說不出的古怪感。

在日常對話中，多留意一下對方的遣詞用字，可以了解其表象系統。運用適當的詞彙迎合對方的表象系統，你就能用較少的時間，建立出深厚的投契關係。

為腦部不擅長一心多用，在這種狀況下難以順利溝通。

溝通要順利，**親近感**是非常重要的一個因素。

比方說，你在外地旅行偶遇同鄉，就算你們素昧平生也有會一種親近感。另外，跟一群不同年紀的人共聚一堂，我們通常也會先找同輩攀談。兩者講究的都是**「共通點」，這跟腦部下意識尋求安心感有關**。換句話說，我們看到跟自己相近，或是有某些共通點的人，就會產生親近感。

用表象詞彙營造親近感

讓對方擁抱親近感，是保持溝通順暢的重要關鍵。所以你在對話的時候，需要找到一些雙方的共通之處，這時候你就需要表象詞彙。

剛才說過，先行表象系統側重V（視覺）、A（聽覺）、K（身體感覺）的任何一種，都會在言行舉止上呈現某種程度的傾向。也就是說，觀察對方的表象詞彙，可以得知他的先行表象系統側重哪一種感官。這樣在對話的時候，你就能用同一種先行表象系統的詞彙，帶給對方親近感。如此一來，溝通就會更加順暢。

表象詞彙的特徵

要找出對方的表象詞彙，你得先了解V（視覺）、A（聽覺）、K（身體感覺）這三種不同的先行表象系統，在語言上各有哪些特徵。

接下來，我們就來看人類做決策時的範例。

- 側重視覺的人：這種人多半使用視覺性的詞彙，好比自己先看到了哪種景象，或是表達視覺上的形容。
- 側重聽覺的人：這種人多半使用聽覺性的詞彙，好比自己先聽到了什麼，或是聽到了哪些建議。

●側重觸覺的人：這種人多半使用身體感覺性的詞彙，好比自己掌握了某種感覺，或是對某件事心領神會等。

其實從一個人的言談中，可以看出他的想法和行為模式。只要你仔細觀察，看出對方的表象詞彙，

不僅溝通會更加圓滑，也能深入了解對方的為人。

V、A、K這三種先行表象系統的特徵

以下介紹側重不同感官的人，在使用語言時有哪些特徵，各位能藉此觀察對方的表象詞彙為何。

V 側重視覺的人

- 我看不出你想講什麼
- 我的眼界豁然開朗
- 視野
- 透明感
- 像在看電影一樣仔細觀察

這種人習慣使用視覺性的形容方式。

A 側重聽覺的人

- 聽起來就像某種聲音一樣
- 真難聽
- 前所未聞
- 別嚷嚷了
- 名聞遐邇

這種人習慣用狀聲詞，或是形容聲音的詞彙。

K 側重身體感覺的人

- 就好像某種感覺一樣
- 好柔軟
- 好緊張
- 好放鬆
- 緊緊抓住
- 手感

這種人習慣用和身體感覺有關的形容方式。

3

仔細觀察對方的狀態

度測

有時候我們可以從一個人的態度，看出他在說謊或有什麼煩心事，相信各位也有類似的經驗。**仔細觀察對方的狀態，分析語言和非語言的反應落差，從言行特徵摸清心理狀態，這在NLP稱為「度測」**。度測是溝通時不可或缺的技法之一。

度測對方的真意

通常我們是用「語言」進行溝通，事實上，有更多訊息是**透過表情、動作、音調、音量等「非語言」要素獲得的**。因此，仔細觀察對方的非語言訊息，可以看出隱藏在語言背後的心理狀態，或是看穿對方的言不由衷。

那麼，為什麼我們有辦法揣測別人的內心呢？這跟**意識和潛意識**有很大的關係。通常**我們在溝通時使用的語言，是尋常意識掌管的**。我們會先思考要說的內容，否則無法轉化成語言說出來。

相對的，像表情或動作這一類**非語言，屬於潛意識的領域**。當然，要刻意做出某些表情或動作也辦得到，但絕大多數都是無意為之。跟你對話的人也是如此。

顧名思義，潛意識就是你沒意識到的狀態，比方說你嘴上說不生氣，但心裡有完全不一樣的念頭和情緒，這時候你的表情和動作等非語言訊息，會自然表現出憤怒的氣息和念頭。所以只要仔細觀察，就有機會看出對方隱晦的心思。

看上面的說法，各位可能會覺得度測很困難。其

實我們在日常生活中，早就已經在使用這一套技法了。好比察言觀色、審時度勢就是一種度測。

度測的重點和種類

在度測時主要使用**五感**，平常就要保持敏銳的五感，才不會錯過一些微妙的表情或動作上的變化。

度測大致上分為三種，包括「目視」（視覺）、「聆聽」（聽覺）、「感覺」（身體感覺）。

NLP講座

強化觀察能力，用度測察覺對方的想法

有時候你邀請朋友或戀人吃飯看電影，可能在對方回答以前，你就已經猜出答覆了。當人心中產生某種體驗的時候，我們可以從對方不經意的表情或動作，看出他內心的想法。強化和鍛鍊這種觀察能力，就是NLP的一大目標。

在職場上，即早發現同事或部下的心理問題非常重要。能否發現當事人的異常反應，這取決於旁人的度測能力。另外，觀察配偶和孩子的自然反應，分析他們當下的心理狀況，這也是培育健全家庭的必要能力。

●**使用視覺進行度測**

觀察對方的表情是否和顏悅色，還有皮膚和嘴唇的顏色。另外也可觀察目光移動、顏面肌肉的運動方式、有無流汗、手部動作、身體的動作等。

●**使用聽覺進行度測**

聆聽音調、抑揚頓挫、說話速度、節奏、對話多寡、笑聲、狀聲詞的使用方式等。

●**使用觸覺進行度測**

感受握手時的觸感、身上的氣味、當下的氣氛等。

在溝通時使用度測技巧非常有效，日後培養投契關係（信賴關係）也派得上用場。度測要做得好，必須仔細觀察對方。但一直盯著對方猛瞧，反而會惹人不快，請務必留意。

NLP MEMO

溝通多半靠表情和肢體動作——麥拉賓法則

這是美國心理學家艾伯特・麥拉賓提倡的法則，又稱為「3V 法則」（Visual、Vocal、Verbal 的字首）或「7 — 38 — 55 法則」。麥拉賓曾經做過一個實驗，試圖釐清「肢體語言」（態度）、「說話方式」（音調或音量）、「對話內容」互有矛盾的情況下，人類會優先以哪一項來作為判斷依據。結果發現，人類對談話內容的印象只有 7%，說話方式則占了 38%，肢體語言占了 55%。

這個研究結果被日本擴大解釋，有些人認為外觀才是最重要的因素，而且說話技巧遠比內容更重要。不過，這純粹是在特定條件下才有的結果，麥拉賓自己也表示，並非在任何情況下都通用。

度測的重點

度測大致上分為三大種類，包括「目視」（視覺）、「聆聽」（聽覺）、「感覺」（身體感覺），來了解一下不同種類的重點。

目視 視覺

- 觀察對方的表情是否和顏悅色
- 觀察皮膚和嘴唇的顏色
- 觀察目光移動
- 觀察顏面肌肉的運動方式
- 觀察有無流汗
- 觀察手部動作
- 觀察身體的動作
- 觀察呼吸的深淺和速度等

聆聽 聽覺

- 聆聽音調、抑揚頓挫
- 聆聽說話速度、節奏
- 聆聽對話多寡
- 聆聽笑聲
- 聆聽狀聲詞的使用方式等

感覺 身體感覺

- 感受握手時的觸感
- 感受身上的氣味
- 感受當下的氣氛等

4 從對方的視線看出內心所想

視線解析

現在問各位幾個問題。①請問你昨天晚餐吃了什麼？②請說出你喜歡什麼樣的曲子？

好，當你在思考這些問題的時候，請問你的視線是朝哪個方向？①和②的視線是朝同一個方向嗎？

當然，眼睛移動是為了看東西，但除此之外，當我們在思考、想像、聆聽，還有醞釀感情的時候也會移動。NLP把**這種觀察眼睛移動的技術（度測），稱為「視線解析」（或稱「眼睛解讀線索」）**。這裡所謂的「線索」，意思是從眼睛的動向（視線）看出內心的想法。

眼睛會透露心中所想

當我們運用腦部不同的感官機能，眼睛也會產生不一樣的動向，而且各有其特徵。所以**仔細觀察對方的眼睛移動或視線，能夠了解對方啟用了哪一種感官機能**。

了解對方啟用的感官機能，你就會知道他的心理狀態。例如，他可能是在回想過去，或是沉浸在某種感情中。持續觀察視線，還能了解對方的心境轉變。運用視線解析，**有機會看出對方的先行表象系統**，對於培養投契關係（信賴關係）非常有幫助。

眼睛移動的特徵

觀察對方的視線動向，有助於了解V（視覺）、A（聽覺）、K（身體感覺）這三者當中，究竟哪一種表象系統正在啟用。

一般來說，**視線朝上的時候代表視覺系統正在啟用**。比方說，當人家問我們的家門是什麼顏色，我們會回想自家門板的顏色。大部分人在回想時，眼睛會朝左上移動。

不過，當人家問我們未來蓋一棟新房子，門板要用什麼顏色的時候，大部分人的眼睛會往右上移動，這是因為腦部在想像一個全新的意象。就算同樣是啟用視覺系統，回憶和想像也是有落差的。

啟用聽覺系統的情況下，當事人的視線容易左右移動。**當我們回想記憶中的聲音時，視線會往左邊**

NLP講座 眼神和肢體動作透露出真正的心聲

過去有一部知名的美國電影叫「王牌對王牌」（Negotiator），劇中提到的談判專家，是專門跟脅持人質的犯人進行談判的警察。這一部電影就是以談判專家為主角。

劇中角色有一段台詞是這樣的「不要以為只有眼神出賣了你。不管你咳嗽、擤鼻子，還是雙手環胸，甚至看你抓屁股的動作，我都能看出你在說謊，所以別想耍我。」其實這就是NLP的度測技巧，那一段台詞提到了眼神，正是指視線解析的技法。

人類會用身體表現出各種實話，而且比言語還要誠懇，相信各位也明白這個道理了。

的水平方向移動；至於想要創作音樂時，視線會往右邊的水平方向移動。

啟用身體感覺系統的情況下，當事人的視線容易往下移動。沉浸在某種感情中的時候，視線會往右下移動；跟自己的內心對話的時候，視線會往左下移動。

不同的感官系統也會影響到視線的高度。一般來說，跟自己對話（在內心跟自己對話）或回憶的時候，視線會往左邊移動；在想像某些事物的時候（創造），視線會往右邊移動。順帶一提，左撇子的人視線移動會呈現相反的狀況。

據說，八成以上的人都符合上述的傾向。當你想好某些問題，要單獨詢問對方的時候，不妨確認他眼睛的動向。

試一試

體驗視線解析的技法

▼▼▼用不同的問題確認視線動向

〈提問範例〉

啟用視覺系統（V）的狀況	想像 ●請想像一頭粉紅色的大象。 ●請想像你有一棟跟城堡一樣大的房子。	記憶 ●請回想你家大門是什麼顏色。 ●請回想你小時候都玩什麼遊戲。
啟用聽覺系統（A）的狀況	想像 ●請想像警鈴在水中響起的聲音。 ●請想像龍的叫聲。	記憶 ●請回想你求學時學過的樂器音色。 ●請回想你最喜歡的曲子。
啟用身體感覺系統（K）的狀況	感受意象 ●請想像你在淋浴的感覺。 ●請感受你的心跳。	內心對話 ●請試著自言自語。 ●請從１００數到０。

請兩個人為一組，參考右邊的〈提問範例〉，用互相提問的方式，實際觀察對方眼睛的動向。

STEP 1

提問

提問者：參考右邊的〈提問範例〉提問。
回答者：保持沉默思考答案，不必開口說出來。

STEP 2

觀察眼睛的動向

提問者：觀察對方的眼睛動向。
（機會稍縱即逝，請仔細觀察）

STEP 3

確認心理的狀況

提問者：說出對方的視線動向，確認其心理狀態。
回答者：說出自己的心理狀態。

STEP 4

確認結果

確認提問和對方的視線，是否如下圖所述。

你的眼睛一開始是往
●方向移動，後來又往
■移動。請問你的心境有什
麼樣的變化？

視線的方向（視線解析） 了解V、A、K和視線的關聯

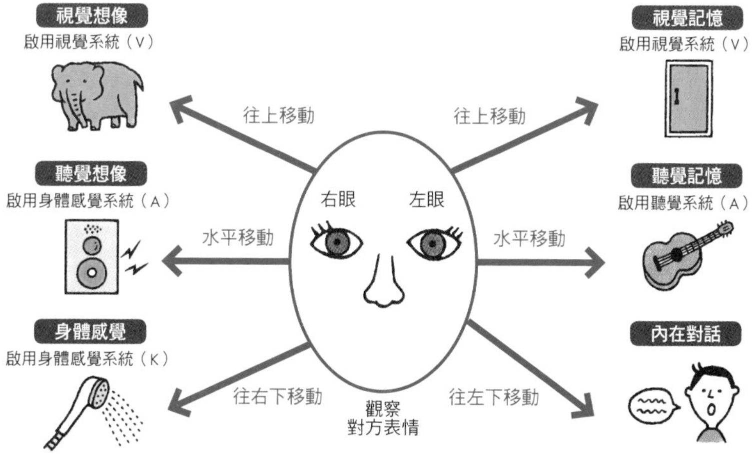
視覺想像
啟用視覺系統（V）
視覺記憶
啟用視覺系統（V）
往上移動
往上移動
聽覺想像
啟用身體感覺系統（A）
聽覺記憶
啟用聽覺系統（A）
右眼
左眼
水平移動
水平移動
身體感覺
啟用身體感覺系統（K）
內在對話
往右下移動
往左下移動
觀察
對方表情

5 建立投契關係（信賴關係）①

複誦

信賴關係是人與人溝通不可或缺的要素，信賴關係又稱作「投契關係」。**複誦是建立投契關係相當有效的技法**。

所謂的「複誦」，就是**在對話中重述一遍對方的談話或關鍵字**。一般來說，**當一個人聽到別人複誦自己說過的話，會有一種被理解的感覺，進而產生安心感**。

複誦就是運用這樣的心理狀態，賦予對方安心感，來構築信賴關係。

當我們聽到自己的話被複誦，除了會有受到重視的安心感以外，同時還可以思考自己究竟想表達什麼，順便釐清自己的想法。

換句話說，自行歸納問題的癥結，能幫助我們找到解決問題的答案。

使用複誦的要點

要有效使用複誦技法，需先掌握幾個要點。

首先，**你要挑選對方在談話中一再提起的重點，或是強調個人情緒的發言**，這樣複誦的效果才會好。

比方說，「失望」或「失落」這一類的字眼，就是在表達當事人的情緒，多半是很重要的關鍵字。

另外，有些人講話很冗長，遇到這種人你要請他停一下，這樣你才有時間歸納重點，好好了解他的談話內容。

歸納好以後，你再複誦重點。**保持關懷的態度聆聽對方談話，才是有效使用複誦的訣竅**。

如此一來，對方才會覺得你有認真聽他說話。有了這樣的安心感，雙方即可建立更深厚的信賴關係。

有些人在對話的時候，會不小心採用說教的語氣，或是強行灌輸自己的建議和價值觀。有時候在職場上確實需要這麼做，但如果你想培養良好的關係，

這麼做只會造成反效果，讓對方產生不信任感。請務必留意。

NLP講座

複誦技法有助於釐清自己的心思

曾經有個大學男生來找我，商量求職的問題。他好不容易找到工作，卻沒有信心當一個稱職的上班族。

我專心聆聽他的煩惱，在適當的時機複誦重點，結果那位學生談起他在學期間，很熱衷跳舞的往事。聊著聊著，他再一次領悟到跳舞對自己有多重要。

後來他沉默不說話了，我問他為什麼。他說，他發現自己很想繼續跳舞，所以沒心思去想其他事情。

可是根據他的說法，他認清自己的心意後，也澈底回味了那一份眷戀的心情。因此，他終於能克服心中的抗拒，乖乖當一個普通上班族了。

不消說，那位學生順利參加了公司舉辦的迎新典禮。

試一試

精通複誦的基本技巧

▼▼▼保持自由對話，只要帶給對方安心感就算成功了！

STEP 1

決定主題

兩個人面對面談話，談話者從自己的煩惱當中，自由選擇一個話題告訴聆聽者。

STEP 2

仔細聆聽

聆聽者要點頭稱是，專注聆聽對方的煩惱。

聆聽者的注意事項

在複誦的時候，要注意以下的言詞會造成反效果！

❶採用說教的口吻

例「工作本來就要解決各種難題，才有辦法成長啊！所以你要忍耐才是。」

➡「跟這個人講再多也沒用。」

❷太雞婆，給予過度的建言

例「你有時候太堅持自己的主張了，其實你應該多少配合上司，這對你比較好。」

➡「這個人根本不了解我。」

❸強迫灌輸價值觀

例「上司也不是不重視你啦！不要放棄繼續努力啊！」

➡「這個人根本不重視我。」

兩人為一組進行練習，時間沒有硬性規定，但一開始以三分鐘為限。最後，要互相確認彼此的心境變化。練習結束後，交換執掌再練習一次。

STEP 3

重述一遍內容

原來你的上司
不肯認同你的
能力啊！
談話者
聆聽者

聆聽者要重述對方在談話中一再提起的重點，或是強調個人情緒的發言。如果對方的談話太過冗長，先請對方停下來，歸納好重點以後再複誦一遍。

STEP 4

確認結果

談話者
聆聽者

互相討論彼此的感想，以及心境的變化。

這樣算成功

♦ **談話者……**

➡ 要有一種得到諒解，或是抒發情緒的安心感。
➡ 釐清自己的煩惱或不滿。
➡ 找到解決問題的關鍵。

♦ **聆聽者……**

➡ 談話者坦承有感受到上面的效果。
➡ 就算無法成功複誦，只要了解這一套技巧的困難度就算成功了。
➡ 在最初的步驟，留意一下自己是如何跟人套交情的。

6 建立投契關係（信賴關係）②

跟隨

跟隨和複誦（▼P68）一樣，都是**建立投契關係（信賴關係）的有效手段。所謂的跟隨，就是迎合對方的動作、音調、情緒、表象系統（▼P30）等。**換句話說，你要模仿對方的言行舉止，迎合對方的步調。

當兩個人的興趣、喜好、出身有共通點的時候，就會對彼此產生親近感。說話方式和動作相近也有同樣的效果，**只要彼此有共通點，人類就會不自覺的產生安心和親近感。**

NLP也有利用這種心態的技法，例如表象詞彙（▼P56）就是利用語言的共通點，這前面也有介紹過。至於跟隨則是利用對方的動作、口吻、說話速度等。刻意模仿對方的言行舉止，可以帶給對方一種親近感，營造出投契的關係。

實行跟隨的部位和方法

跟隨並不是很特殊的技法，我們在日常生活中也經常使用。簡單說，就是找出對方的特徵來模仿。不過當成NLP技法使用時，關鍵在於如何掌握對方特徵，以及盡可能用自然的態度進行模仿。

實際在做的時候，該模仿的目標如下。

① **表情**：模仿笑容、沉悶的表情、認真的表情等。

② **姿勢**：模仿背脊的狀態，脖子彎曲的程度，雙手環胸或蹺腳的動作等。

③ **動作**：模仿肢體動作。

④**呼吸：**模仿呼吸速度、節奏、呼吸位置（胸部或腹部）、深度（呼吸深淺）等。

⑤**聲音、談話：**模仿聲音大小、音調高低、說話速度、停頓節奏、抑揚頓挫等。

⑥**感情：**模仿感情起伏、感情狀況（情緒）等。

⑦**語言：**觀察對方的語言，主要跟哪種先行表象系統有關，之後使用同樣系統的語言。

模仿動作的時候，如果模仿得太刻意，反而會惹人不快。切記，模仿要盡量自然。

NLP講座 透過跟隨技巧緩和對方的憤怒

來講一個電車中發生的故事。那件事發生在下班的尖峰時段，電車內擠滿了下班回家的群眾。

其中一位男性大聲喊痛，還大罵另一個人踩到他的腳。

因為那個人始終不肯善罷甘休，於是我上前對他說，在客滿的電車被人踩到，會生氣是理所當然的。之後，我問他可否大人大量，化干戈為玉帛。

就這麼一句話，那個男子就沒在大吼大叫，也沒有抱怨了。後來他的車站到了，他也乖乖下車了。

我只是用跟隨的方式，揣摩那一股怒氣罷了，但這麼做確實緩和了他的憤怒。

試一試

練習跟隨的基本技巧

▼▼▼觀察對方的特徵，並試著模仿

STEP 1

決定執掌

兩個人面對面，決定好各自的執掌。

STEP 2

尋找跟隨的標的

聆聽者要一邊聆聽對方的談話，一邊尋找跟隨的標的。好比態度之類的特徵，就是一種重要的標的。

如何觀察表象系統的特徵？

在觀察表象系統的時候，不同的先行表象系統有不一樣的特徵。事先記下這些特徵，就可以知道對方的先行表象系統，模仿起來也更加容易。

側重視覺的人

❶說話的節奏或速度比較快。
❷視線經常往上。
❸言詞中多用視覺性的形容方式。

側重聽覺的人

❶說話速度普通。
❷視線經常左右移動。
❸言詞中多用聽覺性的形容方式。

側重身體感覺的人

❶說話的節奏比較慢，會想清楚再說。
❷視線經常往下。
❸經常談到個人的感受。

兩人為一組，面對面進行練習。聆聽者要專注聆聽對方的談話內容，同時模仿其姿勢、動作、音調等要素。時間以三分鐘為限，最後要互相確認彼此的心境變化。練習結束後，交換執掌再練習一次。

STEP 3

模仿

聆聽者要專注聆聽對方的談話內容，盡量用自然的方式模仿其動作或口吻，以達到跟隨的效果。例如對方雙手環胸，聆聽者也要跟著雙手環胸。

STEP 4

確認結果

互相討論彼此的感想，以及心境的變化。

這樣算成功

◆ 談話者……

➡ 心靈獲得療癒，有一種親近感。

➡ 萌生安心感。

7 如何提升影響力？

有效使用語言

有時候在溝通的時候，對方說的話會讓我們情緒亢奮，或是變得失落。其實，平常我們慣用的語言，有改變對方心情的神奇效果。

有人來攀談的時候，我們的注意力會集中在語言上。**語言訊息傳遞到腦部，由聽覺系統負責處理。過程中，也有可能啟用身體感覺系統或視覺系統**。

這也是情緒受到影響的原因，假設對方說的話帶給腦部安心感，情緒會跟著變好；反之，對方說的話帶給腦部不安的感受，情緒就會失落。

視覺系統也有一樣的現象，會因為語言而產生明朗或陰暗的意象。

用語言誘導對方的意識

好好善用語言，能把對方的意識或狀態，往好的方向誘導。

提問就是一個相當有效的語言應用，這也是商場上常用的技術。

當別人對我們攀談，我們的注意力會轉移到對方身上。**尤其遇到提問的時候，人類會專注在問題的內容上，以便解決問題**。

至少在解決問題以前，當事人會花時間思考答案，因此也沒有餘力去想其他事情。如此一來，就能誘導對方的意識了。

提問不要用單純的是非問題，而是要引人深思才

行。

同樣一句話，不同的語言和表達方式會造成截然不同的印象。負面的語言和表達方式，會引來負面的意象，造成對方情緒低落，因此這是溝通時的一大禁忌。重點是使用積極正面的表達方式。

事實上，**語言的力量不只會影響他人，同時也會影響自己**。比方說，對未來抱持樂觀或悲觀的看法，會影響到當事人的情緒。如果你有想要達成的目標或願景，請盡量對自己使用積極正面的詞語。講久了有改變意識的效果，大幅提升成功的可能性。

NLP講座

尷尬的時候，用語言緩和現場氣氛

當雙方處於尷尬的狀態時，用一些緩和氣氛的語言，或是互相尊重的語言，可以減輕彼此的心靈負擔。

◎發生問題的時候，言談不要傷人自尊

「或許，您對這個問題還不是太了解，但我相信您會負起責任，做出妥善的應對。」

◎要傳達自己心情的時候

「我也知道說出這種話，您可能會不愉快，所以我一直沒說出來……」

◎夾雜一些讚美

「我認為您是一個了不起的人。只是，那件事情還有進步的空間，我相信您一定能處理得更好。」

如何，各位是否感受到語言的魔力了？

8 掌握理想的狀態

啟用狀態

當你面對各種緊張的情況，好比上台簡報或參加大考，會不會希望自己放鬆一點，盡量發揮原有的實力？**在有需要的時候掌握理想的狀態（有資源的意思），這在NLP稱為「啟用狀態」**。原文「Accessing state」，Accessing是「接續、接觸、存取」之意，state則是「狀態、位置」。

換句話說，啟用狀態就是啟用某種特定狀態。順帶一提，**沉浸在某種狀態稱為「進入狀態」，回歸日常的感官則是「打破狀態」**。

啟用理想狀態有好幾種方法，你必須事先找到自己習慣的方法，才能在必要的時候進入理想的狀態。

什麼是資源狀態？

不同的理想狀態和資源（▼P40），必須用不一樣的方法尋找。**所謂的「資源」只是NLP的一種概念，泛指個人本來擁有的能力，以及發揮那些資源的能力**。

資源的種類和數量因人而異，也取決於當下的狀況。除了能力以外，旁人的親切相待，自己努力得到的成果，乃至受人稱讚的體驗，還有親朋好友和工作上的人脈，這些都算是資源。就連個人的興趣、特長、財力也算，種類可謂包羅萬象。**利用各種資源達到理想狀態，就是所謂的「資源狀態」**。

找出容易啟用的方法

那麼，什麼樣的方法可以幫我們啟用資源或理想的狀態呢？主要有以下七種。

①在過去的記憶中尋找理想的狀態。

②想像自己達到理想的狀態。

③找到一個你嚮往的對象，把自己當成那個人。

④想像你需要的資源該是何種狀態，試著強化或弱化看看。

⑤尋找合適的曲子，喚醒你理想的狀態。

NLP講座

遇到瓶頸的時候，試著改變心境

請練習啟用理想狀態的方法，這樣你在遇到瓶頸的時候，才有辦法轉化成正面的心境。請用下列的問題反照內心，體驗看看有什麼樣的心情。

❶放眼未來的自省

對於現在遇到的問題，你接下來可以怎麼處理？

❷放眼過去的自省

你過去有沒有成功解決過類似的問題？

❸正面的自省

該怎麼做才能順利解決問題？過去你成功解決的，都是什麼樣的問題？

❹改變觀點的自省

假設你身旁有人能解決這個問題，那會是誰？解決問題的時候，你需要哪些資訊？

如果這四個自省激起了你的幹勁，或是讓你的情緒冷靜下來。那麼，自省的手法對你是有幫助的。

⑥參考隱喻、寓言、電影、故事的主角，看看他們如何運用自己需要的資源。

⑦尋找合適的氣味，喚醒你理想的狀態。

請挑其中幾項實踐看看，找出你最容易投入的方法。然後多加練習，以便必要時可以派上用場。

試一試

體驗狀態改變的五種方法

▼▼▼如何重拾沉著冷靜的狀態

方法 1 啟用過去的體驗

1 從過去的經驗中，尋找有哪些沉著冷靜的記憶。

2 做到第一點以後，仔細體察過往的經驗，充分回味那種感覺。

例 感受自己看到、聽到的一切，以及回憶時所產生的情緒。

方法 4 改變強度

1 把情緒想成一台收音機，調整音量的旋鈕，想像自己的情緒漸漸沉著冷靜。

2 轉動頻道旋鈕，感受自己的情緒漸漸沉著冷靜。

體驗一下狀態改善的方法吧！這一次的課題是，如何重拾沉著冷靜的狀態。請從下列五種方法中，選擇最符合你個人期望的方法。其他課題也比照辦理。

方法 3 尋找參考目標

1. 試著想一下充滿自信的人物，例如你的親朋好友或知名人士，參考歷史偉人也行。
2. 想起那個人物以後，確認你是否重拾沉著冷靜的狀態。同時好好思考，你想到的那個人物，都是用什麼方法保持沉著冷靜。想到以後付諸實踐。

這樣算成功

➡感受到自己重拾沉著冷靜。
➡找到最適合自己的方法。

方法 2 想像未來的狀態

1. 想像自己未來沉著冷靜的模樣。
2. 做到第一點以後，仔細體察那種意象，充分回味那種感覺。

例 感受自己看到、聽到的一切，以及想像時所產生的情緒。

方法 5 尋找合適的音樂

尋找一些可以讓你冷靜下來的曲子。如果你心目中有那樣的曲子，請想像你正在聽那首曲子，感受心境的變化。

9 如何澈底發揮能力？

設定心錨

所謂的「設定心錨」，就是利用五感得到的訊息，刻意引發特定的情緒或反應。在你遭遇困難的時候，這一套技法可以改善你的狀態，並保持在良好的狀態下。

「心錨」本來是指船舶停靠港岸時所用的錨，把身心固定在良好的狀態下，就好比船舶停靠下錨，因此NLP稱之為「心錨」。

其實我們在日常生活中，早已經在使用設定心錨了。比方說，當我們聽到喜歡的樂曲，就會想起跟那首曲子有關的回憶或感情。**這種誘導出特定情緒的事物，就稱為「心錨」。**

用來解決困境很有效

不管是處理工作或培養興趣，只要做得很順利，通常代表能力有獲得完整的發揮。**如果我們可以隨時進入良好的狀態，澈底發揮自身的能力，那麼做任何事保證無往不利，效率也會更好。**

設定心錨在這時候非常有效。將能力完整發揮的狀態設定好，有需要就能啟用那種狀態。心錨設定得好，對我們擺脫困境非常有幫助。再者，弄清楚自己要掌握的狀態，設定心錨的效果就越高。而且重複設定心錨，還有強化效果的功效。

設定心錨的種類和方法

心錨的種類主要分為視覺、聽覺、身體感覺這三大類。所謂的**「視覺心錨」**，是指特定的動作、照

片、文章等，也就是利用視覺上的效果。**「聽覺心錨」**是指特定的聲音、音調、音樂等，跟聲音有關。**「身體感覺心錨」則是接觸一些特定的場所或東西，好比摸自己的手或個人物品。**

基本上要用什麼當心錨都沒關係，一般都是用最簡單的身體感覺心錨。不過，盡量少用日常生活中會做的動作，例如雙手環胸或摸頭髮等。

最好是用比較特殊的動作，但更重要的關鍵是，必須是在旁人面前也敢做的動作（或方法），而且不管做幾次都能正確執行。

NLP講座　棒球選手的特殊動作也是一種心錨

活躍於大聯盟的鈴木一朗和松井秀喜選手，他們站上打擊區的時候，都會先做一些特殊的動作。這其實也是一種心錨。

松井選手以前在電視上說過，要發揮百分之百的實力，經驗和記憶力是重要的關鍵。據說，他記得自己打過的每一支全壘打，是在哪個球場打的，連投手和配球都記得一清二楚。比方說，記者問他什麼時候打出了哪種球，他都能馬上回答出來。換句話說，仰賴強大的記憶力進入一種特別狀態，這對松井選手來說就是一種有效的心錨。

設定心錨的方法如下，**先回想你要銘刻於心的感情體驗，同時沉浸在那種狀態中，讓感情只差一步就達到最激昂的狀態**。搭配使用視覺、聽覺、身體感覺系統，會有更好的效果。基本的流程如下：

①啟用特定的記憶，回想當時的鮮明情感。

②仔細觀察你在記憶中看到什麼、聽到什麼、感覺到什麼。

③在快要感受到強烈的情感波動前，做出設定心錨的動作。並在感情達到巔峰時停下，重點是動作不要持續太久。否則在過程中感情冷卻下來，無法形成堅固的心錨。

④先回歸打破狀態（亦即本來的狀態，▼P78），讓感情恢復原狀，重新調整心情。

重複執行第一步驟到第四步驟，強化心錨。情緒低落時就設定心錨，一旦察覺感情有變化就算成功了。

試一試

體驗設定心錨

▼▼▼利用設定心錨重拾放鬆的狀態

隨時獲得理想的狀態，才是設定心錨的用意。接下來介紹「重拾放鬆狀態」的設定心錨方法。

STEP 1

設定你想要的狀態、行為、反應

設定你想要的狀態。

STEP 2

盡量具體呈現你想要的狀態

這一次我們要的是「放鬆的狀態」。這種狀態可能是脊椎自然延展、雙腳踏穩地面、重心放在腹部、身體力量放空等。

STEP 3

在想像中體驗那樣的狀態

想像理想的狀態，最好要有身歷其境的真實感受。對自己說清楚具體的狀態，然後想像那樣的狀態。按照你喜歡的順序，分別使用視覺、聽覺、身體感覺。

STEP 4

執行設定心錨

進入狀態以後（沉浸其中），在感情快要達到最高潮之際執行設定心錨，固定良好的意象。比方說右手抓住左手腕，或是彈指等。

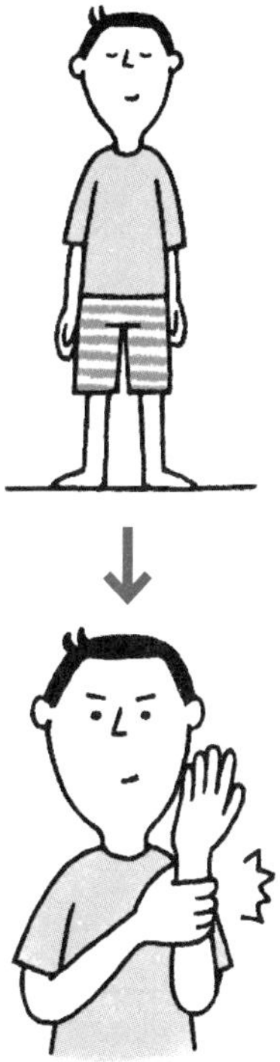

設定心錨的時機

在感情快要達到最高潮時特別有效。

設定心錨的重點

❶ 設定心錨的時機和當下的感情強度。
❷ 身心都要放鬆，保持溫和的情緒。

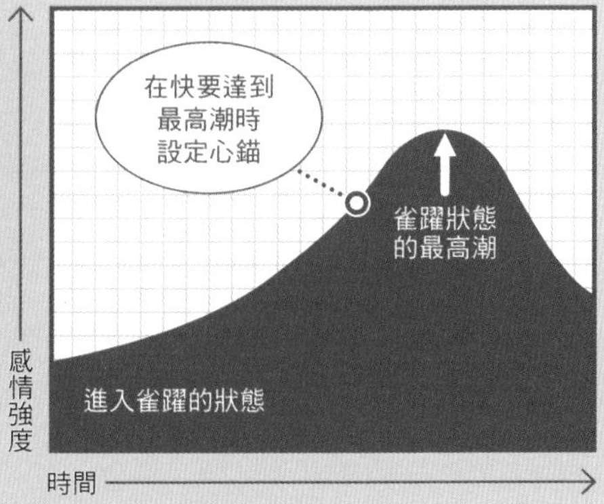
在快要達到
最高潮時
設定心錨
雀躍狀態
的最高潮
進入雀躍的狀態
感情強度
時間

這樣算成功

➡ 身心都產生變化。　➡ 使用設定心錨，確實達到理想狀態。
➡ 反覆嘗試都有一樣的效果。

10 釐清自己的期望

目標明確化

你要先弄清楚自己想要什麼，才有辦法達成目標。

擁有明確的目標（Outcome），腦部就會導引你的思維和行動，幫助你實現目標。

另一個重點是，**平時要多確認自己期望的目標，讓目標更加明確**。人在努力追尋目標的過程中，往往會迷失原本的初衷。

自省項目和要點

用自省的方式確認目標時，要注意以下幾大要點。實際進行的時候，請準備紙筆寫下你的答覆。

自省一：我要的是什麼？

請選好你現在就想得到的成果，例如你想要發揮領導能力。那麼你在答覆時，就要留意以下的要點。

①你是否用積極正面的詞彙來形容目標

「想要發揮領導能力」這一句話就是正面的形容方式。至於「不想成為失敗的領導者」則是負面的形容方式，所以應該用上一句的正面態度，來形容你的目標。另外，原則上不能訂立反社會的目標。**所謂「反社會的目標」，就是在達成後，對旁人或社會造成問題的目標。**

②你自己是不是行動的主體

你必須靠你自己的行動來實現目標，不得假他人之手。如果你的目標是「想成為一個值得信賴的領袖」，乍看之下這是一個正面的目標，但你能否得到旁人的信賴，其實也跟你周遭的人有關，所以這個目標要修正一下。你要思考獲得信賴對你有什麼

好處，若旁人的信賴能帶給你信心，那你的目標就要改成「想成為一個有自信的領袖」。

③目標是否具體可行

目標要盡可能具體呈現。比方說，你想要發揮優異的領導能力，那你該具體思考一下，你想在什麼場合（局面）發揮怎樣的領導能力？透過自省的方式，來判斷目標是否可行。

自省二：如何確認自己是否實現目標

先想好要用什麼樣的方法（手段），來確認目標是否達成，請具體觀想達成目標的場景。例如，想

NLP講座　目標明確化，解決半途而廢的困境

釐清目標和心願的過程，NLP稱之為「目標明確化」。

我學習的聖塔菲NLP，在目標明確化的最後一個步驟，還加了一個自省的疑問。那就是「你的目標有實現的價值嗎？」這個自省有很大的意義，你會明白在追求目標的過程中，不能缺少實際而有效的訓練。

有時候我們必須捨棄某些事物，才能實現特定的目標。換句話說，要有付出犧牲的心理準備才行，但大多數的人選擇半途而廢。好好善用「目標明確化」的技法，就可以發揮良好的效果，解決半途而廢的困境。

像一下你達成指定的業績，和部下開心喝酒的景象。

或者，部下找你商量或報告的次數增加等。

最後要唸出你寫下的答覆

自省三：我要在何時、何地，和誰一起達成目標

目標思考得越具體，腦部才會做好實現目標的準備。寫下具體的事項，還具有生態確認的效果（▼P209），有助於釐清你和周遭環境還有旁人的關係。

自省四：確認妨礙目標的事物

這是非常重要的項目，有時候你會發現一些很現實的阻礙。例如目標太籠統，實現目標的過程太冗長等。

自省五：有什麼東西（資源＝解決問題的能力、資源）能幫我實現目標

思考一下你有什麼特長或人脈，可以幫助你達成目標。沒有的話，確認一下你有沒有方法取得這些事物。

自省六：實現目標的方法和步驟

具體思考達成目標的方法和步驟，比方說，蒐集必要的資訊，參加一些有助於你解決問題的社團。

自省七：目標是否有實現的價值

有價值的話那當然是不用懷疑，之所以在**最後重新反思目標的價值，主要是可以清楚認識自己的目標**。同時，這也提供了一個機會，讓你重新體認目標有多麼重要。

回答完這一連串的問題後，請依序唸出你寫下的答覆。並好好確認內容，體驗你想要達成目標的決心。

這等於是對自己使用複誦（▼P68）技法，有確認目標和歸納問題的效果。

試一試

用自省的方式確認目標

▼▼▼

幫助你達成目標

請參考本文的重點，答覆這些提問吧！最後別忘了，唸出你自己寫下的答案！

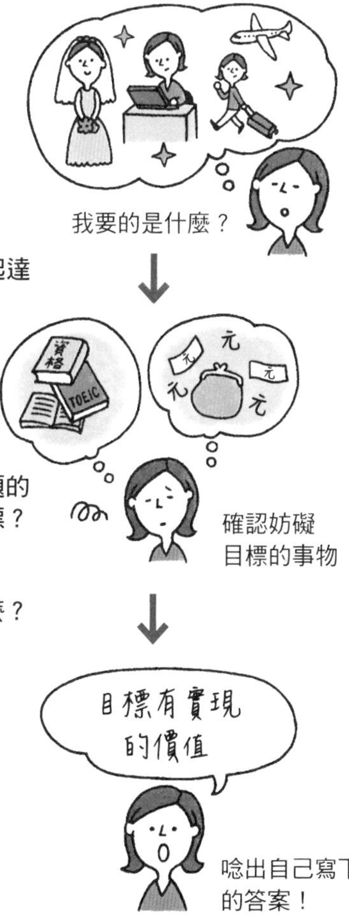

自省 **1** 我要的是什麼？

自省 **2** 如何確認自己是否實現目標？

自省 **3** 我要在何時、何地，和誰一起達成目標？

自省 **4** 確認妨礙目標的事物是什麼？

自省 **5** 有什麼東西（資源＝解決問題的能力、資源）能幫我實現目標？

自省 **6** 實現目標的方法和步驟是什麼？

自省 **7** 目標是否有實現的價值？

最後 唸出自己寫下的答案

這樣算成功

➡ 重新確認目標。 ➡ 釐清問題點，已有統整歸納。

11 如何逐步達成目標？

T・O・T・E模式

在NLP的觀念中，達成目標的一連串流程稱之為「T・O・T・E模式」，也是解決問題的一項技法。

所謂的「T・O・T・E」其實是「Test・Operate・Test・Exit」的字首縮寫。Test（檢測）是指觀察狀況，確認自己是否逐步達成目標。Operate（實行）是指處理作業或做出變化，最後的Exit（達成目標脫離）是結束所有程序，達成目標（Outcome）的意思。換句話說，就是反覆改進，逐漸接近目標的思維。

俗話說得好，**失敗並不存在，真正存在的是行動造成的反饋**。NLP的思維，和這樣的觀念有異曲同工之處。

動機輸入、檢測、實行

一般來說，**當我們訂立一個目標的時候，背後一定有某種動機和理由。**比方說，你想要學好廚藝，背後的動機可能是想燒一手好菜給情人吃。也就是有動機促成你行動，這又稱為「動機輸入」。

動機輸入發生後，目標就會跟著出現。而在行動之前，要先確認目標和現狀的差距，這又稱為「檢測」。確認目標和現狀的差距以後，終於要採取行動了，這一步稱為「實行」。之後再次檢測，確認結果如何。這便是第二個T的意思。

如果達到了自己期望的目標，那就抵達出口，也就是全部流程結束。反之，沒有達成目標的話，就

要回歸前幾個階段，重新思考方法和手段，再一次往目標邁進。總之，要反覆改進，直到達成目標為止。

說穿了，T・O・T・E主要的流程只有檢測和實行。先觀察和檢測，萬一結果不如預期就改變方法，再試一次。

換句話說，**T・O・T・E模式沒有失敗這回事。**

萬一結果不如預期，也不需要失落。只要保持積極的心態，努力達成目標即可。

T・O・T・E模式

T・O・T・E模式是達成目標的流程，分別是檢測執行、檢測、達成目標脫離，因此沒有失敗這種概念。

T Test（檢測）

觀察，確認是否逐步達成目標。

O Operate（實行）

行動或處理作業，改變現狀以求達成目標。

T Test（檢測）

觀察，確認是否逐步達成目標。

E Exit（達成目標脫離）

達成目標。

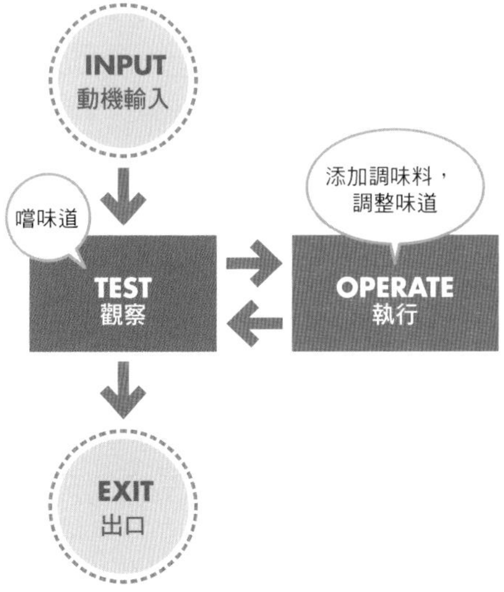

12 改變觀點解決困境①

將對象和狀況予以概括化

當你頭腦打結，想不出更好的方法改善現狀的時候，不妨改變一下，**將對象和狀況予以概括化**（Chunking），用不一樣的觀點來看待問題。

「Chunk」本來是電腦術語，為「塊」的意思。而在NLP的觀念中，則是指資訊或特定標的的「集合體」。**將條件或內容共通的項目分門別類，就稱之為「將對象和狀況予以概括化」**。

而在NLP的觀念中，**為了能夠綜觀事務全貌而予以一般化、模糊化，稱為「上推」；反之，縮小區分範圍則稱為「下切」**。

下切會細分資訊和特定標的，有釐清細節的作用。比方說，仔細觀察一棵樹（下切），可以清楚看到整棵樹的主幹和枝葉，連細部的形狀也一清二楚。

相對的，綜觀一整片樹林或森林（上推），自然看不出每一棵樹的形狀，但有助於了解整片森林的概況。

改變將對象和狀況予以概括化的方式，獲得的資訊也不盡相同。**得到不一樣的資訊，看事情的觀點也會不同**。當思緒遭遇瓶頸，狀況難有進展的時候，改變概括化的方式能獲得嶄新的觀點，找到解決問題的方法。順帶一提，還有以同樣水平看待其他例子的「平行」，也就是拿同樣的尺度（**同樣的立場或層級**），套用到其他事物上來評比（▼P112）。

用來溝通也很有效果

將對象和狀況予以概括化的觀念用在溝通場合也

很有效。比方說，服飾店強調自家商品的設計很好，對於只看重材料的客人來說並沒有意義。改用下切的方法，分析材料的優點，客人才願意採信。否則雙方的概括化的方式不同，可能無法理解彼此的對話內容。

換句話說，你必須先知道對方概括化的方式。再者，計較小事的人比較適合用下切，大而化之的人則適合用上推。請順便了解一下自己的傾向。

上推和下切

改變將對象和狀況予以概括化的方式，用不同的觀點看待事物

下切

仔細觀察一棵樹，可以清楚看到整棵樹的主幹和枝葉，連細部的形狀也一清二楚。

細分資訊和特定標的，
有釐清細節的作用。

上推

綜觀一整片樹林或森林，自然看不出每一棵樹的形狀，但有助於了解整片森林的概況。

看不出細節，但可掌握全體狀況。

13 改變觀點解決困境②

換框法

換框法的目的不在於解決問題，而是要找出解決問題的線索。一般來說，人類習慣用各自的過濾機制來看待事物，這在NLP稱之為**「框架」**。換框法就是**改變框架的方法，也可以說是改變看事情的觀點**。

同一件事情用不同的觀點來看，會有截然不同的面貌，同時發現一些新的事實。了解新的事實，對同一件事會有不一樣的看法。換句話說，**換框法能體驗到不一樣的狀況和意義，解決難以突破的困境**。

那麼，換框法的具體方法為何呢？大體來說，你要**從另一個正面的角度，來看待當下碰到的問題**。

比方說，你的上司做事情很龜毛，當他的部下總是緊張兮兮、不得安寧。但**換個角度來看（換框法），做事龜毛有防患於未然的效果**。

用不一樣的觀點，把「龜毛」（問題）當成「防患未然」（正面角度），你對那個上司就有不一樣的看法了。就算你不覺得他是一個體貼的上司，至少不會再心生抗拒。

換框法對個人相當有效，用來進行溝通也一樣管用。例如，對方遲遲無法做出決定，你不妨說出其他觀點（換框法），改變對方的思考方向，或許就能找到新的點子或解決方法。

改變狀況和意義

換框法有兩種，分別是**狀況換框法和意義換框法**。

所謂的**「狀況換框法」，就是找出某個行為在其**

他環境或狀況下，可以發揮哪些優點。

比方說，有個人做事太急躁，也給自己添了不少麻煩。可是，換個角度來看，做事急躁代表行動迅速。這時候就要思考一下，哪些事情即早行動反而有好處。

例如，跟別人約定時間碰面，急躁的人絕不會遲到。然後，把這個優點告訴性格急躁的人。如此一來，當事人就會認同自己的行為，一改過去的負面印象。

意義換框法是賦予某個行為不同的意義，而非改

NLP講座

用換框法減輕憂鬱症和失落的情緒

就算你沒有憂鬱症，也總會有失落難過的時候吧？換框法有轉換心情的效果，可以減緩憂鬱症和失落的情緒。

心理諮商專員常用下列的換框法：

①「每個人或多或少都有失落的經驗，而且也有容易受傷的一面，只要是人都會有這樣的反應。」

②「你會失落，代表你有反省的能力。反省會帶給我們寶貴的教訓。」

③「願意承認自己很失落，就某種意義上來說，你很了解自己的問題。不肯承認自己失落的人，反而容易生病。」

用這樣的方式進行換框法，能稍微減輕憂鬱症和失落的痛苦。

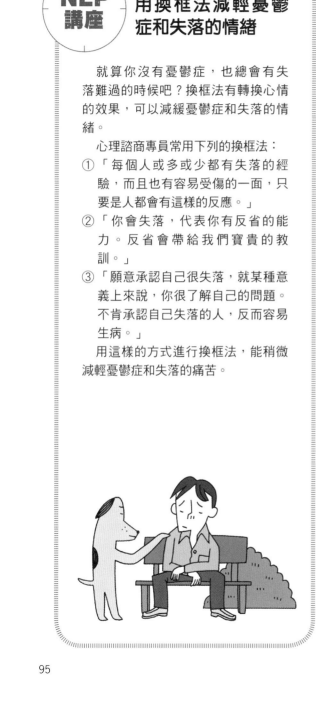

變狀況。例如，有個母親成天抱怨孩子弄髒衣服，洗起來很辛苦。其實換個角度想，孩子整天玩耍弄髒衣服，代表身體十分健康。因為這個新的角度，還有一種期待孩子成長的意涵。母親聽到這種新的觀點，就會產生積極正面的情緒，甘心幫孩子洗好衣服了。這遠比單純的同情，還要來得振奮人心。

要有靈活的思維

換框法在各種場合都有用處，一句簡單的觀念轉換，可以帶給自己和其他人不一樣的領悟，讓整件事出現新的轉機。

然而，換框法需要從各種角度來考量一件事情，因此靈活的思維是不可或缺的要素。

試一試

練習換框法

▼▼▼改變觀點有助於改變印象，突破難解的困境

用不同的觀點看待同一件事情，會產生截然不同的印象，同時改變難解的狀況和意義。下面的練習內容，請盡量用更多不同的觀點來思考看看。

課題 1

練習狀況換框法

在某種狀況下不合宜的行為，放到其他狀況或許有益處。

STEP 1 想一下你有哪些不滿或怨言

隨便找一件不滿或有怨言的事情。

例：上司做事獨斷專行，絲毫沒考慮下屬。

←

STEP 2 設想其他狀況

把前面想到的不滿或怨言，置換到其他的環境或狀況下（狀況換框法），並且寫在紙上。

例：這種作法在緊急情況下，或許有利。

←

STEP 3 說出你的不滿

說出你的不滿或怨言。之後，唸出你剛才寫下的換框狀況，就好像別人告訴你一個全新的觀點一樣。

例：課長實在太強硬了！

不對、說不定在緊急情況下，課長反而很可靠。

這樣算成功

⬇想出各種不一樣的框架。

⬇印象改變了。

課題 2

練習意義換框法

在同樣的情境下，改變當事人的觀點就好。

STEP 1 想一下你有哪些不滿或怨言

隨便找一件不滿或有怨言的事情。

例：我做什麼都不會成功。

←

STEP 2 設想其他意涵

思考其他的意涵（意義換框法），並且寫在紙上。

例：努力的人總是對自己比較嚴厲。

←

STEP 3 說出你的不滿

說出你的不滿或怨言。之後，唸出你剛才寫下的換框意義，就好像別人告訴你一個全新的觀點一樣。

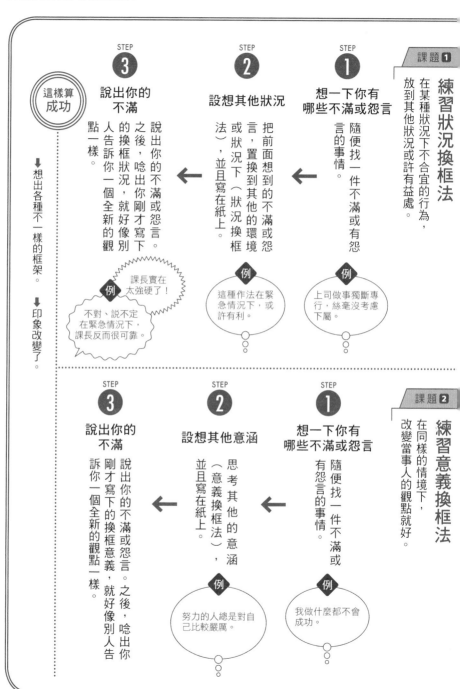

14 化解非難的能力

意義地圖

現代社會充滿各式各樣的壓力，很多人在日常生活中也覺得壓力很大。細究原因，壓力多半跟**人際關係**有關。

一般來說，人與人的互動有很多狀況會造成壓力。例如，事情發展不如預期，彼此互相對立，或是有心裡話說不出口，再來就是遭遇非難。其中，處理非難所面臨的壓力，不是其他狀況可比擬的。

通常大家談到非難，都會想到客訴這一類的狀況。事實上，非難的狀況比這更加複雜。

親朋好友間也會發生這樣的事情，你可能莫名其妙就受到別人的非難。遇到這種問題，萬一沒處理好會影響到人際關係，而且造成很深遠的影響和壓力。

善用意義地圖

意義地圖用來化解非難十分有效。所謂的「意義地圖」，就是用兩種應對方式來處理發難的一方。

第一種方式是**蒐集訊息，要先了解對方的思維、情感、經歷**。通常非難會伴隨著強烈的憤怒，而被非難的一方會先請對方冷靜下來，緩和一下怒氣。可是，這種說法反而會激怒對方。

因此，關鍵在於了解對方的狀況。不要否定對方的憤怒，要盡可能包容那股怒氣，同時聆聽對方的說法。

然後，打聽對方的要求或期望。先了解對方生氣的理由，讓他知道你有深入了解問題，怒火自然就

會消退了。

這一招用來處理客訴也一樣有效，客訴的人多半只是要發洩怒意。先聽對方的理由，火氣就會慢慢消退了。

遇到放棄式的非難，要傳遞你的訊息

有時候你知道對方在生氣，但不曉得他的要求是什麼，甚至還被直接斷絕往來。遇到這種情況，意義地圖的第二招**賦予訊息**能有效解決問題。也就是**說出你的想法、情感、經歷等**。

NLP講座 了解發言和行爲，善用意義地圖

人類所有的發言和行為，大致分為四大類型。

❶提供訊息的發言和行為

表達自身的想法或經歷，例如說出自己內心所想。

❷蒐集訊息的發言和行為

試圖了解對方的行為，在溝通時以提問的方式蒐集訊息。

❸攻擊型的發言和行為

強迫對方進行某種行為。

❹放棄型的發言和行為

斷絕溝通。

你必須先了解對方的發言和行為，同時練習自我管理，才能有效使用「意義地圖」。因為對方攻擊你的時候，你若無法保持中立，就用不出這一套方法。

攻擊通常伴隨著「憤怒」，人類在遭遇攻擊性的怒火時，內在的怒火也會受到刺激。包容自身的怒火，精神才會安定，不會受到外人的怒火影響。換句話說，你平時要多做練習，學著誠實接納自己的感情。

化解非難也是溝通的一環。想要保持良好的關係，你得老實說出自己的想法，以及你要如何解決問題。主動說出你的心裡話，對方的情感也會逐漸產生變化。

實際應用意義地圖時要留意以下幾點。萬一對方的非難伴隨著強烈的怒火（攻擊型的非難），**你要主動提問蒐集對方的訊息，了解他的立場和感情。**如果你發現對方想要斷絕一切往來（放棄型的非難），**關鍵是傳遞你的想法和心意。**

化解非難務必力求謹慎，否則會造成很深遠的影響和壓力。好好活用意義地圖，培養化解非難的能力吧！

試一試

用意義地圖化解非難

▼▼▼選擇合適的應對方式，關係才不至於惡化

化解非難務必力求謹慎，否則會破壞人際關係，在心中留下疙瘩。平時要多加練習，真正遇到問題才能做出合適的應對。

發言和行為模式

放棄

放棄溝通，斷絕往來。

發言和行為模式

攻擊

要求對方做出某些行為，或是遵照自己的意思。

發言和行為模式

提供訊息

說出自己的想法、感情、經歷。

發言和行為模式

蒐集訊息

了解對方的思維、感情、經歷。

← 箭頭代表訊息的轉移方向

改編自聖塔菲NLP發展心理學協會的意義地圖。

這樣算成功

➡對方的情緒逐漸產生變化，心情穩定下來。

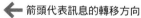

15 找回遺失的訊息

後設模式

人類多半用語言進行溝通，可是我們在用語言表達事情的時候，會不經意的省略或扭曲某些訊息，甚至將訊息進行一般化的處理。這也導致大量的訊息失真，唯有找回遺失的訊息才能正確溝通。

提問是重拾訊息最有效的方法，這在ＮＬＰ的觀念中稱為**「後設模式」**，而提問的行為則叫**「挑戰型探問」**。

順帶一提，後設模式（Meta model）中的「Meta」一詞，本來是希臘文的超越之意。後設模式則是ＮＬＰ當中最先系統化的技法。目標是善用語言，感受語言所帶來的體驗。

導引對方的資源

除了找回遺失的訊息外，後設模式還有一個重要的功能。那就是**發掘當事人本來就擁有的資源**（解決問題的能力和資源，▼P40）。

訊息經過省略、扭曲、一般化（▼P105）以後，會累積在潛意識當中。只要用適當的方式提問，對方就會自動存取潛意識的內容，導引出當中蘊含的資源。

另外，將訊息省略、扭曲、一般化，也會限制我們的思維靈活度。使用後設模式讓訊息回復適當的狀態，對方就會發現自己的思維受限。這有助於找到全新的觀點，最終拓展更多的可能性。

後設模式就是用這樣的方式，挖掘出深埋在潛意識中的訊息，幫助對方解決問題，拓展更多的可能性。如果忘了助人為本的目的，只會變成在對當事人施壓，請務必留意。

不要問「為什麼？」

使用後設模式，對方的談話會更加具體、更加明確，受到一般化影響而僵化的信念，也會變得更加靈活。那麼，實際該如何操作這套技法呢？

不要問「為什麼？」的後設模式

後設模式就是用有效的提問來解決問題。提問可以從各種不同的角度切入，例如對象、時間、場合、狀況等。

「對象？」

「時間？」

「場合？」

「狀況？」

切記不要問：「為什麼？」人類一旦聽到為什麼，就會思考該如何說明。後設模式的目的是找回失去的訊息，而不是找回理由。這一點千萬不要忘記。

後設模式的基本是「提問」，要問對象、時間、場合、方法等因素，**但不要問為什麼。因為當事人一聽到這種疑問，就會開始思考理由。**後設模式的**目的是找回失去的訊息，而不是找回理由。**

後設模式的九種類型

當訊息發生省略、扭曲、一般化的問題時，後設模式會依照不同的問題，而有不同的解釋方法。然而，這些問題多半是一起發生的，有時候無法進行縝密的區別。不同的書籍有不一樣的分類方法，但本書只介紹最常用的九種類型（▼P106）。

理察・班德勒和約翰・葛瑞德（▼P20）**開發了三種普遍模式，分別是「省略」、「扭曲」、「一般化」。**我們必須先了解這三大模式。

●省略

只注重體驗的某個部分，排除其他的層面。人類

NLP MEMO

後設模式是最先系統化的技法

NLP 有各式各樣的技法，最值得紀念的第一項技法，就是後設模式了。這也是 NLP 的創始者理察・班德勒和約翰・葛瑞德開發出來的。

一九七〇年代，米爾頓・艾瑞克森、弗里茲・波爾斯、維琴尼亞・薩提爾這三位天才治療師，被喻為「治療的巫師」（Therapeutic Wizards），他們研究了這三人使用的手法。

其中，弗里茲・波爾斯（完形治療）和維琴尼亞・薩提爾（家庭治療）的療法特別受到重視。因為這兩種治療方法，會對案主（求助者）提出制式的問題。他們分析當中的內容，開發出了後設模式。研究結果在一九七五年問世，書名叫《魔法的結構 1》（*THE STRUCTURE OF MAGIC ?*）。

可以透過省略，專注在某項事物上。

● **扭曲**

將扭曲的現實呈現出來，人類會以獨自的過濾機制選別訊息，產生個人的見解。

● **一般化**

將個案當成慣例的一種表現程序。

順帶一提，實際使用的提問方法稱為「挑戰型探問」。畢竟這是用提問撼動對方的思維和潛意識，所以才有這樣的稱呼方式。請了解每一種提問的特性，參考左方的內容來思考如何提問吧！

用後設模式找回遺失的訊息

人類敘述自身的體驗或經驗時，會經歷省略、扭曲、一般化的過程，因此呈現出來的訊息並不完整。換句話說，大部分的訊息都流失了，深埋在潛意識當中。後設模式就是從潛意識挖出這些訊息的方法。找回失落的訊息，也能預防溝通上的誤會。

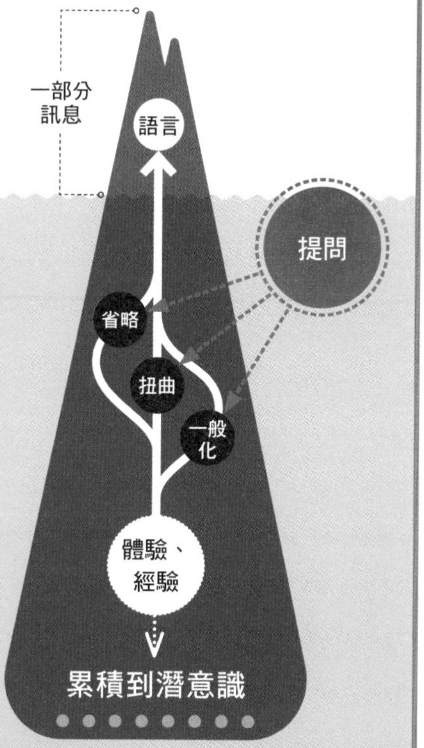

轉化成語言說出來的，只有一小部分的體驗和經驗。要找回遺失的訊息，可針對省略、扭曲、一般化的部分提出質疑。

試一試

用有效的提問解決問題

▼▼▼撼動對方的思維和潛意識

後設模式主要是用提問來找回遺失的訊息，關鍵在於提出有效的疑問。請參考範例多方思考一下。

1 省略的後設模式

「我很害怕。」

讓對方發現自己省略掉的訊息，並找回遺失的訊息。

提問範例 「你害怕什麼東西（或對象）？」

POINT 問清對方怕什麼？怕誰？哪個部分可怕？

2 欠缺指示標的的後設模式

「沒有人需要我。」

所謂的「欠缺指示標的」，也是一種一般化的形式。要幫助對方找回受限的細節，以及訊息的多樣性。

提問範例 「請具體說明一下，是誰不需要你呢？」

POINT 問清具體的對象或事例。

3 不特定動詞的後設模式

「大家都拒絕我。」

由於缺乏具體明示，因此要釐清語句，理解對方的體驗。這麼做可以幫助對方，更容易找出解決問題的方法。

提問範例 「請具體說明一下，是誰拒絕你？又是如何拒絕你呢？」

POINT 問清具體的對象和情況。

4 名詞化的後設模式

「我沒有獲得正當的評價。」

對方用名詞呈現某件事情，要釐清具體的過程和當中的真意。

提問範例 「你希望得到怎樣的認同？」

POINT 問清具體的期望。

5 普遍量詞的後設模式

「那個人根本不肯聽我說話。」

找回一般化、普遍化的失真訊息，破除對方的成見。

提問範例 「他真的一次都沒聽你說嗎？」

POINT 問清狀況是否真的如此？是否真的毫無轉圜？

6 需要性助動詞的後設模式

「我做不到。」

當事人懷抱成見，認為自己該做什麼或不該做什麼，因而限制了自己的選項。用提問的方式破除限制，提供更多的選項。

提問範例 「做不到又會怎麼樣呢？」

POINT 問清做不到有何後果？做到了又如何？

7 因果的後設模式

「你讓我很火大。」

釐清更具體的因果關係。

提問範例 「請問，我怎麼讓你火大了？」

POINT 問清結果到底是什麼原因引起的。

8 讀心術的後設模式

「大家都討厭我。」

沒經過直接溝通，卻自以為了解別人，產生先入為主的觀念。用提問的方式，確認對方為何做出這樣的解釋。

提問範例 「你是怎麼知道大家討厭你的？」

POINT 問清對方是如何得知其他人的心思。

9 欠缺程序的後設模式

「這才是正確的作法。」

所謂的「欠缺程序」，就是沒有明確的行為主體，強迫他人接受自己的規矩和想法，因此要清楚是這樣的評價是怎麼來的。

提問範例 「這種作法對誰來說是正確的？」

POINT 問清是誰認同那樣的作法。

16 衝破瓶頸

米爾頓模式

刻意使用模稜兩可的語言，讓對方自行解釋，這種對話方法稱為「米爾頓模式」。

後設模式是要釐清籠統的訊息，但米爾頓模式卻是反其道而行，因此又被稱為**「反後設模式」**。**這個技法是利用語言模稜兩可的特性，讓對方憑自己的能力解決問題，衝破瓶頸。**

當我們聽到一些籠統的問題，就會從自身的體驗或經驗中，挑選出恰當的解釋方法。當下受到刺激的不只是尋常意識，連潛意識也會受到刺激，發揮平時用不到的資源（解決問題的能力或資源，▼P40）和意識。這麼做可以帶來全新的體悟，幫助當事人解決問題，擺脫瓶頸。

順帶一提，米爾頓・艾瑞克森是美國催眠醫療的

米爾頓模式特有的類型

除了本文介紹的內容以外，米爾頓模式還有一些特殊的類型。有一些我們在日常生活也經常使用，只是沒有自覺罷了。

前提

傳遞訊息給對方，但不讓對方得知我方的意圖（▶P196）

類比記號

利用音調、音量、動作、觸摸等方式，強調特定的語言，突顯命令或指示。

植入式命令

在文章中置入命令，讓對方不經意的接受命令。

否定式命令

比方說，看事情不要太悲觀，當我們聽到這句話反而會悲觀，因為腦部被迫理解了命令的內容。

翹楚。米爾頓模式就是將他的語言手法經過分析和統整的產物。第一章也有提過，NLP在建立一套完整系統的時候，參考了三位學者的手法，米爾頓・艾瑞克森就是其中一人（▼P20）。

米爾頓模式的特色

人類聽到模稜兩可的談話，會試圖理解當中的涵義。理解的過程和結果，會產生各式各樣的效果。米爾頓模式就是利用那些效果。

➡用間接的說法帶給對方影響。

➡刻意提出籠統的疑問，讓對方自由想像。

➡讓對方注意到自身潛意識中的資源，拓展其可能性。

➡在談話中灌輸對方有益的新觀念。

➡利用度測（▶P60）配合對方的實際狀況，導引對方改善問題。

植入式提問

在提問之前，穿插一些希望對方留意的訊息，可以間接獲得情報。

引用

在表達我方意見時，佯裝成別人的意見說出來。

隱喻

舉一些例子暗示我方要表達的事情，或是想要打聽的問題（▶P112）。

試一試

利用米爾頓模式解決問題

▼▼▼用籠統的說法帶給對方新的體悟

米爾頓模式有各式各樣的敘述方法。米爾頓模式又稱稱為「反後設模式」，可以把後設模式的語言類型反向分類。米爾頓模式會刻意使用模稜兩可的說法，讓對方發揮自身的能力解決問題。至於該如何活用這樣的話術，請參考範例好好練習。

① 省略的米爾頓模式

「或許你也注意到，
你越來越有興致了。」

刻意省略部分內容的方法。

POINT 刻意不說出具體的事項。

② 欠缺指示標的的米爾頓模式

「情況漸漸緩下來了。」

不具體告知代名詞到底是指什麼。

POINT 不說到底是什麼事情緩下來了。

③ 不特定動詞的米爾頓模式

「其實你可以很放鬆。」

不告知具體的方法。

POINT 不說出該如何放鬆。

4 名詞化的米爾頓模式

「你一定會找到解決方法的。」

用名詞化的方式，不告知具體的訊息。

POINT 不說出到底會解決什麼問題。

5 普遍量詞的米爾頓模式

「你會澈底進入冥想的狀態。」

調整對方步調的用法，用一般化的方式呈現內容。

POINT 刻意使用一口咬定的說話方式，讓對方深信不疑。

6 需要性助動詞的米爾頓模式

「現在你該靈活應對眼前的問題。」

調整對方步調的用法，所謂的「需要性助動詞」是一種語言學的呈現手法，NLP在運用時是當成「選項有限」之意。

POINT 刻意使用「應該怎麼做」，或「不得不怎麼做」等說法。

7 因果的米爾頓模式

「你聽到我的聲音後，會開始放鬆。」

將原因和結果說得好像互有關連一樣，是一種調整對方步調的用法。

POINT 不說出原因和結果的關聯。

8 讀心術的米爾頓模式

「我知道你心裡明白。」

佯裝自己很了解對方的想法。

POINT 不說出自己是如何了解對方的想法。

9 欠缺程序的米爾頓模式

「這是正確的。」

在談論評價的時候，不說出是誰給予這樣的評價。所謂的「欠缺程序」，就是行為主體並不明確的意思（有欠缺）。

POINT 不說出對誰而言是正確的。

17 用比喻的方式敲開對方心房

隱喻

「隱喻」其實就是一種比喻，只是不用太直接的類比方式。原文「Metaphor」源自希臘文，有「傳遞」之意。

隱喻可以將兩種不同的思維串聯在一起，呈現方式乍看之下相當隱晦，**也有各種不同的解釋和涵義，具有取信於人的效果**。

NLP的隱喻技法，會使用故事（寓言）、措辭、比較、類比等手法。順帶一提，隱喻不必改變將對象和狀況予以概括化的方式（▼P92），也不必上推或下切，可以直接挪用，因此這種歸類方式又稱為「平行」。

日常生活中使用的隱喻

我們在日常生活中也會使用隱喻，例如我們常說婚姻是愛情的墳墓、老婆回娘家是老公的放風時間，或者把人生形容成一趟旅程等。這些都算是隱喻的一種。

有時候商場上也會使用隱喻，好比某家公司很佛心，或是背後有靠山等。用這種方式呈現一家企業的作風或特徵，也是一種隱喻手法。

人生的教訓或情感其實可以用間接的方式表達。比較常聽到的有努力不會背叛你、超越極限才是成功的關鍵、失敗為成功之母、沒有永遠過不完的黑夜等。

這些話的重點不是字面上的意思，而是極富啟示性的，對聽的人會產生獨特的效果。像這樣的隱喻手法，會帶給對方勇氣和活力。

我們平時在各種情境下都會使用這類隱喻，用得好會對人生造成相當深遠的影響。

了解語言和概括方式的關係

事先掌握對方判斷的傾向，搭配適當的表達方式，才能達到更好的溝通效果。

習慣下切的人非常注重細節，往往看不清大局。對這種人就該用米爾頓模式（▶P108），賦予其開闊的思維。反之，凡事大而化之不拘小節的人，就該使用後設模式（▶P102），以具體的細節帶給對方新的體悟。使用對的方法，也更容易建立信賴關係。
隱喻則是站在同樣的角度來看事情，對方比較願意接納我們的建言。
善用這三大方法，有助於改善溝通的狀況，深入了解對方。

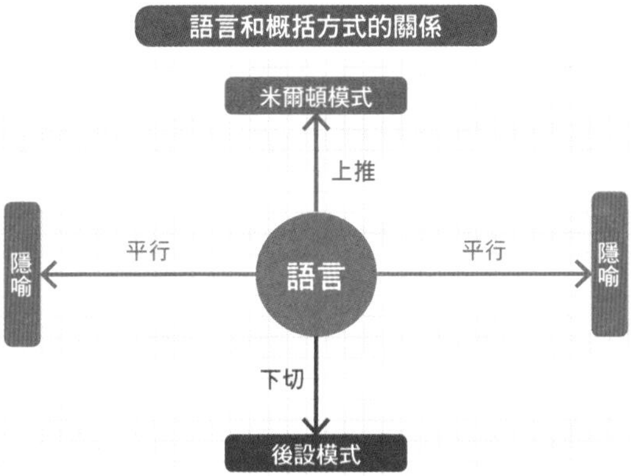

米爾頓模式是將語言上推，並用隱晦的方式呈現出來。後設模式是下切，用具體的方式來呈現。隱喻則是平行，不改變概括方式的方式，以同樣的角度來看事情。

（改編自《NLP實踐手冊》作者喬瑟夫・奧柯納，團隊醫療二〇〇九年出版）

歡迎認識 NLP！

體驗 NLP 的效果

學習驅動你的潛意識

NLP 在世界各地都有廣大的支持者，日本也有不少人學習 NLP，體驗 NLP 的神效。

比方說，某間高中的教職員在學校擔任管理職缺，他一開始參加 NLP 講座，只是希望學到一點工作上的技巧。後來他學到了許多有效的溝通技巧，好比跟隨、米爾頓模式等，跟同事和學生溝通也比以前更順暢。不僅如此，他還利用 NLP 培養學生的溝通能力。

另外，我遇過一位很討厭蛇的女性，連在對話中聽到蛇都受不了。這位女性參加 NLP 講座以後，終於克服了這種恐懼症。她不再害怕蛇，聽到蛇也不會身體緊張、四肢僵硬了。

如何用意象驅動潛意識

NLP 的目標是幫我們了解自己的思考傾向，達到自我控管的效果。因此，我們必須練習驅動自己的潛意識，在心中觀想更好的狀態（資源狀態），讓更好的狀態為我所用。做不到這一點的話，使用再多的技法也得不到效果。

在驅動潛意識的時候，要注意以下三點。

❶用心感受，而不是用腦思考

不要想太多技法的內容、理由、意義，先集中心智，用心去感受一切。感受久了，你自然會了解技法的用意。

❷保持五感敏銳

讓自己的五感保持敏銳，才能感受到潛意識發出的微弱訊息。

❸心靈要靈活柔軟，不要固執

意象中的訊息，往往有不合常理的地方。重點是先感受那些訊息，然後試著去接納。要做到這一點，必須有一顆靈活柔軟的心。

在嘗試 NLP 的技法時，請不要忘了上面這三大要點。

PART 3

活用NLP的技法①

如何增進溝通能力？

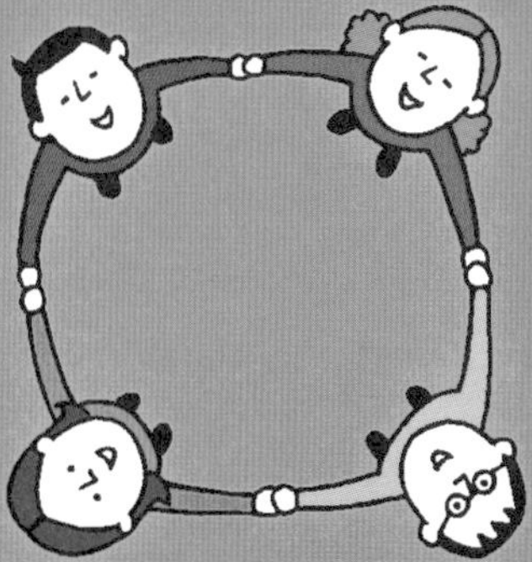

1 溝通的盲點

省略、過濾、價值觀、扭曲、一般化

相信各位都有溝通不順暢的經驗，好比雙方講話牛頭不對馬嘴，人家聽不懂你要表達什麼等……這除了關係到個人對話技巧，**跟人類說話的程序也大有關聯**。

訊息轉化成語言會失真

溝通失誤的原因不一而足，其中一個原因是**訊息省略**。

人類在發言的時候，會發揮個人的想像力，或是回想過去的體驗，然後轉換成語言告訴對方。個人的想像和體驗本來蘊含大量訊息，但語言只能轉換成一部分表達出來，其他訊息都會被省略掉。

在訊息受限的情況下，就難以正確溝通交流，也容易引發溝通上的誤會。

而聆聽的一方必須根據發話者的訊息，來理解對話的內容。聆聽者只能參照自己的體驗或經驗，來想像那些遺失的訊息。

就算雙方有相似的體驗，也未必完全相同，這就會產生理解上的落差。**有時候，可能雙方在談論同一個話題，心中所想的卻完全不一樣**。

每個人對語言的理解都不一樣

體驗上的差異，也會影響到我們對語言的理解力。當我們受到某些刺激時（對話），腦內程式會根據對話內容產生反應（理解對方的言談），因為過往的體驗形成了腦內程式。

比方說有人告訴你，她昨天自己一個人去看電影。喜歡獨自看電影的人會認為，獨自看電影是一件好事，不用被其他人打擾。喜歡跟朋友一起看電影的人會認為，找不到朋友一起去看電影是很可憐的事情。由此可見，同一件事情的看法因人而異，所以溝通時也會有類似的盲點，只是我們毫無自覺罷了。

價值觀形成個人的過濾機制

再來，每個人都有獨特的過濾機制（腦內地圖，▼P36），我們會透過這一套機制來接收外界的訊

對同一件事的看法因人而異

同樣一句話，每個人都有不一樣的看法。我們在對話時，往往沒有注意到這一點。關鍵在於，要先了解每個人的看法有別。

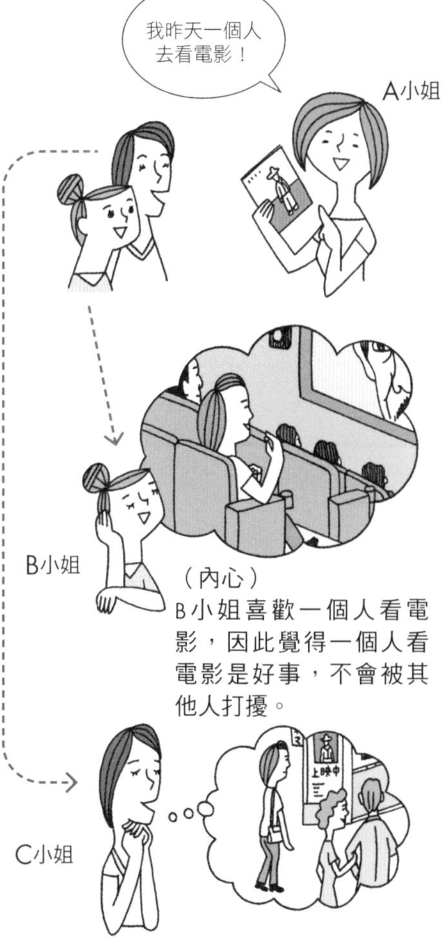
我昨天一個人去看電影！
A小姐
上映中
B小姐
（內心）
B小姐喜歡一個人看電影，因此覺得一個人看電影是好事，不會被其他人打擾。
C小姐

（內心）
C小姐喜歡跟朋友一起去看電影，因此覺得一個人看電影很可憐，沒有人陪她一起看電影。

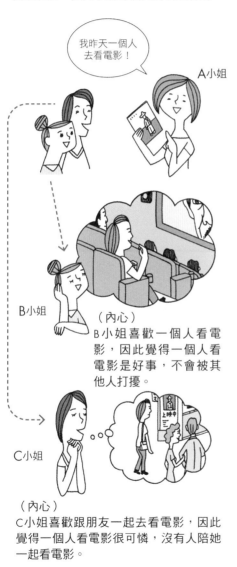

息。換句話說，**我們是用自身的見解來看待外在訊息，跟現實有一定的落差。這又稱為「扭曲」**。

那麼，過濾機制是如何形成的呢？答案就是我們的價值觀，而價值觀來自我們的成長環境和個人體驗。當然，每個人的成長環境和體驗都不一樣，有各自的觀點也實屬正常。

語言的一般化會導致內容抽象化

一般化是造成溝通誤會的另一個原因，我們常把自己的狀況套用到其他人身上，彷彿其他人也會做一樣的事情。

問題是，大家真的跟我們一樣嗎？事實上大部分的情況並非如此。**把單獨的個案講成通例，這就是所謂的「一般化」**。

對話經過一般化會變得較為抽象，也是造成溝通誤會的一大原因。

如何防止溝通誤會？

所謂的溝通，就是發話者把自身的體驗，用語言轉達給聆聽者。**在傳遞的過程中會遺失大量的訊息，或是經過抽象化的方式呈現出來**。

所以，聆聽者只好參照自身的體驗或經驗，來彌補不足的訊息，這就是溝通誤會的成因。

要防止溝通上的誤會得先認清這一癥結，**找回遺失的訊息，將抽象化的訊息釐清。NLP主要用「提問」和「確認」來做到這一點**。

NLP的觀念認為，**對話過程中要留意有哪些省略或扭曲的訊息，並提出有效的質疑**。這時候要使用**後設模式**（▼P102）。

提出適當的質疑，可以幫助對方深入了解自身的體驗，使體驗的意義更加明確。對方會查覺自己行為受限的原因，找到更多解決問題的方法。

跟別人溝通的時候，只要你有留意各種溝通上的盲點，採取審慎的應對措施，或許就有機會消除溝通上的誤會。

溝通誤會因何而起？

個人體驗在轉化成語言的時候，會產生訊息省略、扭曲、一般化等問題。所以，無法正確傳達想要告知對方的訊息。這就是溝通誤會的成因。

引起溝通誤會的原因

●訊息省略

只傳達個人體驗的一部分訊息。

●訊息扭曲

不客觀的看法扭曲了訊息，沒有傳遞事實。

●訊息一般化

把個案說成普遍的通例，沒有傳達具體的事實。

2 如何快速打好關係？

跟隨和映現

跟陌生對象或不太熟的人交談，會經歷一段尷尬的時期，可能對話不太熱絡，沒法迅速打好關係。這時候你一定很希望自己有良好的口才。

歸根究柢，所謂口才好到底是怎麼一回事？有些人認為，語彙量多、話題豐富、辯才無礙就是口才好。這些確實是談話技巧的一環，但稱不上真正的對話。

對話不只是說而已，還要聆聽對方的意見，做出適當的回應，讓對方說出心裡話。這樣才會產生**投契關係**（信賴關係，▼P57），對話也才不會流於空談。換句話說，**對話講究的是信賴關係**，沒有信賴關係的對話難以成立。

提升溝通的質量

那麼，跟陌生對象或不太熟的人相處，要如何建立信賴關係，達到深度的溝通效果？

一般來說，雙方有共通點就會產生親近感，這一份親近感有助於建立信賴關係。就算你不太了解對方，只要有共通點就夠了，這種親近感會讓你接納對方的言行。換言之，**找出雙方的共通點，可以提升對話或溝通的品質。**

跟隨和**映現**這一類技法，很適合用來建立信賴關係。這些都是建立投契關係的重要技法，單獨使用就有不錯的效果，但大部分情況下，會按照實際的對話流程搭配使用。

建立投契關係的流程

建立投契關係的流程如下。

①仔細觀察對方（度測）

運用度測（▼P60）技法，先觀察對方的表情、行為、遣詞用字，這一點非常重要。**從言行舉止推測對方的先行表象系統（▼P30），這樣比較容易建立投契關係。**

②重述一遍對方說過的話（複誦）

使用複誦（▼P68）技法，可以輕易博得對方的

模仿對方的映現

所謂的映現，就是配合對方的動作，彷彿在照鏡子一樣。例如，對方翹腳你就跟著翹腳，對方雙手環胸你也跟著雙手環胸。在使用映現時，務必要做得自然一點。模仿得太明顯，反而會失去對方的信賴，適得其反。不要馬上模仿對方的動作，稍微隔一段時間再模仿就好，或者動作稍微小一點也行。

例1 點頭稱是

對方點頭，你也跟著點頭。

例2 對方身體前傾

對方身體前傾，你也稍微前傾。

信賴。

③調整雙方的步調（跟隨）

配合對方的姿勢、肢體動作、呼吸、語調、說話速度等。

④模仿對方的動作（映現）

當有人做出跟我們一樣的行為，我們就會產生一股安心感和親近感。讓對方產生這種親近感非常重要，不過模仿得太過火會適得其反，關鍵在於用自然的方式模仿。

⑤建立互信關係（投契關係）

只要雙方保持放鬆，而且對話氣氛熱絡就行了。

綜觀上述幾個流程，你會發現**建立投契關係的要訣，就是先配合對方的步調**。唯有雙方互信，才能建立更深厚的關係，拓展全新的可能性。

試一試

練習建立投契關係

▼▼▼**關鍵在於配合對方的步調**

平時我們要多練習建立投契關係（信賴關係），這樣不管遇到任何對象，都能迅速打好關係。

STEP 1

仔細觀察對方

度測

找一個人跟你對談，複誦對方的談話內容，仔細觀察對方的表情、動作、說話方式，掌握其先行表象系統。

↓

STEP 2

配合對方的步調

跟隨

在尊重對方的前提下，用跟隨技法迎合對方的肢體動作、姿勢、呼吸、語調、說話速度等。

↓

STEP 3

模仿對方的動作

映現

模仿對方的動作

- 對方翹腳你就跟著翹腳。
- 對方雙手環胸，你就跟著雙手環胸。
- 對方身體前傾，你也跟著身體前傾。

模仿要自然，不能被對方發現。

↓

STEP 4

建立投契關係

執行前面三個步驟，詢問對方有什麼樣的心情。如果雙方的感覺還不錯，就等於建立起了投契關係。

這樣算成功

➡對方很放鬆，對話也很熱絡。 ➡談話的氣氛很好。

3 對方生氣時該如何處理？

意義地圖和跟隨

有些人在開會議事的時候，講到激動處就會動怒發火。這種問題一旦沒處理好，當下的氣氛會非常尷尬，甚至影響到日後的信賴關係。畢竟以後也不可能老死不相往來，所以需要用適當的方式來處理。

遇到這種情況，使用**意義地圖**（▼P98）和跟隨（▼P72）很有效。**所謂的「意義地圖」，就是根據對方動怒的方式，採取兩種應對措施。**

第一種是了解對方的思維、感情、經驗，多方蒐集對方的訊息。第二種是**說出我方的訊息，好比我方的思維、感情、經驗等。**善用這兩種手法，即可化消對方的怒意。

另外，**跟隨是指迎合對方非語言訊息中的能量，提升意義地圖的效果。唯獨對方的怒意不能迎合，要迎合對方的動作、音調、情緒等，又稱為「跟隨對方的心理地圖」。**

善用意義地圖

具體的使用方式如下。比方說，在公司開會的時候，上司講到某個議題非常生氣。這時候你該思考一下，上司到底是因何發火？

你要多方度測（▼P60）上司，了解上司的感情有多激昂，查出他到底在生什麼氣。當下你必須要顧慮對方的顏面，一般來說，在眾人面前動怒的人，事後都會感到尷尬。尤其身為上司的人，這種感覺想必會更強烈。

因此，**你在蒐集訊息時要顧慮對方的立場，充分**

諒解對方生氣的理由和心情（跟隨心理地圖）。你要遵守這個大前提，使用意義地圖的蒐集訊息法或傳遞訊息法。

處理講究三大要點

安撫怒火本來就不是一件容易的事，如果你和上司缺乏信賴關係，處理起來就更加困難了。你在處理的時候，要謹記三大要點。

①顧慮對方的顏面。

②跟隨對方的心理地圖。

③使用意義地圖的技法，蒐集對方的訊息，或者傳遞你的訊息。

萬一上司在開會時動怒發飆，你要按部就班來處理。首先，你要知道上司會生氣，代表他很嚴肅看待當下的議題。

再來，反省自己議論的方式是否不夠嚴謹，盡可

NLP MEMO 了解對方的心理地圖，就可以深入了解對方

外在訊息主要是透過五感傳遞到腦部，再轉化為體驗或記憶累積起來。NLP 稱之為「地圖」，因為這種地圖受到當事人的過濾機制影響，和實際的體驗有落差，所以每個人的地圖都不一樣。

至於心理地圖，則是訊息過濾機制形成觀念和信念後，塑造出的一種心靈上的地圖。我們會受到心理地圖的影響，關注特定的事物，或是做出特定的行為。連感情都會受到心理地圖的影響。

換句話說，了解對方的心理地圖，不但可以深入了解對方，萬一日後雙方對立，也能配合對方的地圖採取合適的應對措施。一來省下不必要的紛爭，二來也不會陷入緊張關係。

能回應上司對這件事的期許。最後，向上司尋求具體的請示，看看自己到底哪裡做得不好。

總之，你要先了解對方的狀況，採取靈活的應對方式。**這樣才能妥善安撫對方的怒氣，維持雙方的信賴關係。**

試一試

善用意義地圖和跟隨

▼▼▼想方設法安撫對方，同時不破壞彼此的信賴關係

STEP 1

跟隨非語言的部分

跟隨非語言的部分，但不跟隨其怒意。

所謂的「跟隨」，就是迎合非語言訊息或能量，好比對方的動作、音調、情緒等，唯獨怒火不得迎合。

例 迎合對方的音調、肢體動作、說話速度等。

STEP 2

傳達正面的意圖

讓對方知道，他的怒火其實有正面的意義。傳達過程中，要顧慮對方的顏面。

例1 你的情緒會這麼激動，我想一定是有正當的原因。

例2 我遲到這麼久，你會生氣也是理所當然的。

使用意義地圖可有效化解對方怒意，但你實際遇到問題時，對方的立場和生氣的原因不一而足，有時候你需要搭配一些不一樣的技巧來應對。

STEP 3

善用意義地圖

當對方要斷絕關係時

萬一對方要斷絕關係，或是鬧脾氣不肯溝通，告知你能做到哪些事（賦予訊息）。

例1
看到你這麼生氣，
老實說我也覺得很遺憾。所以，
我希望可以提供一些補償。
如果能夠改善彼此的關係，
我也願意多付出一點。

當對方展現攻擊性的怒火時

提出疑問，蒐集訊息。

例1
那麼，
我該怎麼做才能解決
你的問題？
例2
我該怎麼做，
你才肯原諒我遲到？

這樣算成功

➡看到對方怒火消退，或是不再發飆。
➡對方認同你的誠意，願意原諒你。

4 與夥伴同樂的方法

共享價值觀

上班族M小姐平日參加料理社團，結交了三位好朋友。為了增進廚藝，她們會定期去知名餐廳享用美食。大家年齡相近，都是二十多歲上班族，而且臭味相投。現在已經成了無話不談的好閨蜜，不再只是一起享用美食的關係。不過，其中一位Y小姐較為寡言內斂，M小姐擔心她不太喜歡這些活動。

當我們參加團體活動的時候，每個人熱衷的程度都不一樣，如果熱衷程度落差太大，難免令人掛懷。因此M小姐認為，只要了解落差的成因，大家就會更投入平時的活動。

「**共享價值觀**」可以有效解決這樣的問題。一個人參與活動有沒有樂在其中，其實態度會很明顯，而這又牽涉到個人的價值觀。**我們的目的能否與他人達成一致，主要也跟價值觀大有關聯**。

人在做某件事的時候，行事的動機（幹勁）就跟價值觀有關。另外，人在溝通的時候，也會希望互相分享價值觀。

順帶一提，NLP有一種**邏輯層次**（▼P128）的觀念，探討的就是人類意識的層次。根據邏輯層次的論述，價值觀位於意識層次的上位。

當我們遇到價值觀相近，或是上位層次相近的人，就會產生一股親近感。找到知己時，也會有類似的感覺。

問出對方的價值觀

那麼，該如何共享價值觀呢？所謂的共享價值觀，

不代表你們的價值觀要一模一樣，而是**尊重不一樣的價值觀，和對方的價值觀跟隨**（▼P72）。M小姐必須先了解Y小姐的價值觀，提問是一個

有效的方法，提問的流程如下。

首先，M小姐應該問對方，平日她們去知名餐廳享用美食，Y小姐有沒有什麼特別看重的事情？聽

試一試

問出對方的價值觀

▼▼▼

如何建立更穩固的信賴關係

如果想要強化彼此的關係，重點是要了解對方的價值觀。提問是一個有效的辦法，有時候適當的疑問，可以點醒對方勘破迷津。

STEP 1

提問

兩人面對面坐下，請教一些關於信念、價值觀的問題。

例 「你特別重視什麼家庭問題？」
「你特別重視什麼職場問題？」

STEP 2

針對答覆再次提問

例 「這跟你的價值觀有何關聯？」
「為什麼你認為這很重要？」

STEP 3

跟隨

活用邏輯層次的概念進行跟隨。

例 「你處理工作有蒐集必要的資訊嗎？」
「你很重視家人，也知道該如何照顧他們。但你有確實做到嗎？」

這樣算成功

➡對方的心境產生變化，感情更為豐富。

到答覆以後，再來要請教Y小姐，那跟她的價值觀有何關聯？其實透過這兩個問題，大概就能了解Y小姐的價值觀了。最後，M小姐要善用邏輯層次的概念繼續提問，試著跟隨Y小姐的價值觀。

Y小姐聽到這些問題，會覺得自己的價值觀有受到尊重。有了同伴的理解和包容，Y小姐也會產生安心感。而M小姐和其他同伴，也能了解Y小姐的另一面，深化彼此的友誼。

換句話說，**了解對方的價值觀，共有其價值觀，有助於深化彼此的信賴關係。**

配合邏輯層次斟酌該問的問題

邏輯層次的概念認為，人類的意識分為六大層級。在使用這一套技法時，應該思考不同層級的問題，尋思解決的方案。針對不同的意識層級提問，得到的效果也不一樣。

〈邏輯層次〉

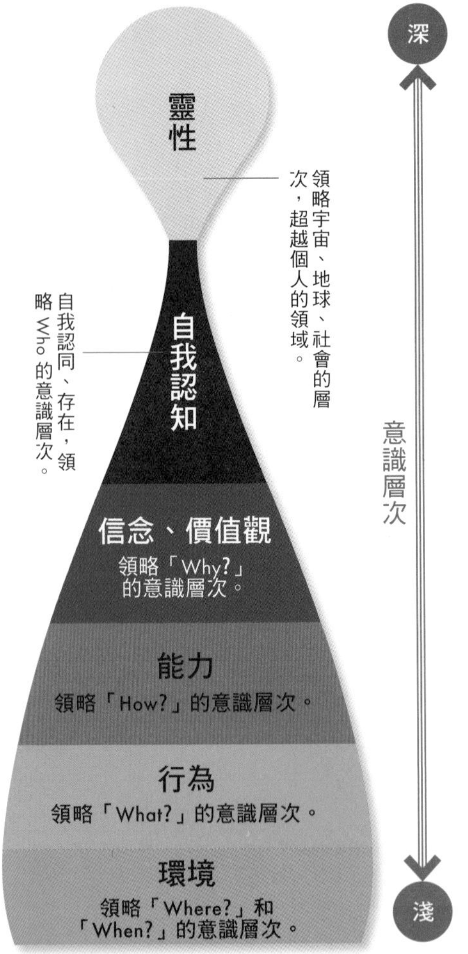

深
淺
意識層次
靈性
領略宇宙、地球、社會的層次，超越個人的領域。
自我認知
自我認同、存在，領略Who的意識層次。
信念、價值觀
領略「Why?」的意識層次。
能力
領略「How?」的意識層次。
行為
領略「What?」的意識層次。
環境
領略「Where?」和「When?」的意識層次。

Q1 環境層次的探問

「下一次我們要去〇〇店，Y小姐妳對這家店有充分了解嗎？」

答案「Yes」

關於環境的需求有得到滿足。

Q2 行為層次的探問

「我知道妳了解那家店了，那妳贊成去那家店嗎？」

答案「Yes」

關於行為的需求有得到滿足。

Q3 能力層次的探問

「Y小姐，現在我知道妳贊成去那家店了，那妳期待去那家店嗎？」

答案「Yes」

關於能力的需求有得到滿足。

Q4 信念、價值觀的探問

「Y小姐，現在我知道妳贊成去那家店，而且似乎也期待去那裡消費。那妳覺得去那家店消費，妳會樂在其中嗎（價值觀）？」
「其實，我（M小姐）希望大家在一起的時候，可以盡量度過一段愉快的時光。因此，想事先知道妳的想法（自我認知）。」

答案「Yes」

關於信念、價值觀的需求有得到滿足。

5 如何在人前不過度緊張？

連動心錨

有些事情你平時做起來很順，可是一到眾人面前就緊張失常。如果不是特別重要的場合那還無所謂，萬一遇到不能失敗的場合，好比重要的演說或工作上的簡報，你會承受更大的壓力，也更容易失常。

在人前容易緊張的毛病，可以用「連動心錨」來化解，這個方法十分有效。

所謂的「連動心錨」，就是**在必要的時候，依序獲得好幾種理想的狀態，自然而然的達到最理想的狀態。當現狀和目標差距較大的時候，用連動心錨就很有效。**

具體方法是，你要先設定幾個相關的心錨（▼P82），最初的心錨引燃（NLP用語，引起反應之意）後，其他心錨也接連引燃，最終達到理想的狀態。

順帶一提，**這裡的連動有「用鎖鏈繫住」的涵義，意思是複數的心錨聯繫在一起，彷彿用鎖鏈連住一樣。**

連動心錨的優點是，第一個心錨引燃後，其他心錨也會跟著引燃，自動達到目標（理想狀態）。

連動心錨的流程

如果你在人前會異常緊張，**首先你要把異常緊張的狀態，轉化為放鬆的狀態，再把放鬆的狀態，轉化為充滿幹勁的狀態**。具體流程如下：

①決定目標

決定好心錨的內容（狀態）和順序。例如：緩和

緊張→鏈結到放鬆的狀態→產生自信。

②依序設定心錨

要將不同的心錨設定在相近的位置。

③打破狀態

輕晃身體，轉動手臂，從進入狀態（沉浸在某種狀態中）恢復到日常狀態。這是斷絕心錨聯繫的方法。

④連動心錨

先引燃第一個心錨，在狀態達到最高潮之際，引燃第二個心錨。在第二個心錨的狀態達到最高潮之

心錨的類型有哪些？

心錨有各種類型，以下介紹最具代表性的幾種。

●資源心錨

最基本的心錨，能在必要時找出特定的資源。

例 抓住自己的手肘。

●重疊心錨

若要強化單一的資源心錨，或是同時需要好幾個資源心錨，可將複數的心錨堆疊在同一個地方。這麼做會產生強力的心錨，能一次達成好幾種理想的狀態。

例

在手肘上累積三個心錨，一次達成三個理想狀態。

●空間心錨

在特定場所或空間制定心錨

例 在廁所會感到安心的人，廁所就是心錨。

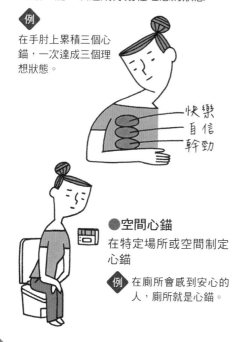

際，卸除第一個心錨，引燃第三個心錨。以此類推，執行到最後。

⑤確認

引燃第一個心錨後，若有依序引燃其他心錨，達成理想狀態的話，就算成功了。

心錨要設幾個都沒關係，但通常以二到五個為準。

先決定第一個心錨和最後一個心錨。中間再用幾個心錨連動起來，這就是執行的要點。

試一試

訂立目標連動心錨

▼▼▼如何消除緊張，侃侃而談？

STEP 1

決定目標

目標「在人前也能侃侃而談，不會緊張。」

設定心錨的順序

❶緩和緊張。
❷放輕鬆。
❸保持自信。

這樣算成功

➡在一大群人面前講話也不會緊張。
➡引燃第一個心錨後，情緒逐漸亢奮，感覺越來越有　自信。

請實際體驗一下連動心錨，視個人需要增加或減少心錨的數量。重點是用自己習慣的做法來執行。

STEP 2

依序設定心錨※

按照 STEP ❶的順序來設定心錨，設定心錨的位置沒有限制，但最好設定在相近部位。

※設定心錨的方法請參照P82

例 設定心錨在手腕、手臂、手肘上。

STEP 3

打破狀態

輕晃身體，旋轉手臂，從進入狀態（沉浸在某種狀態中的意思）回歸日常狀態。

STEP 4

連動心錨

將STEP❷的心錨連動起來。

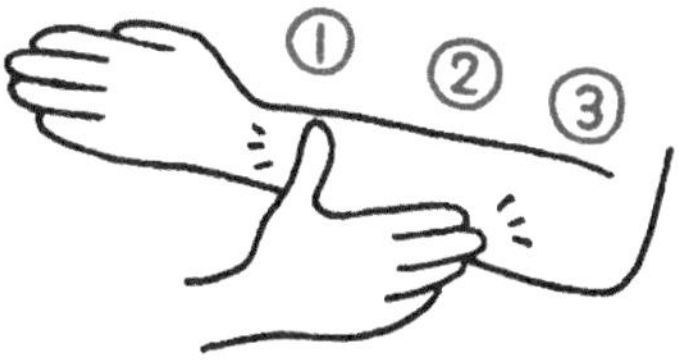

❶先引燃第一個心錨。
❷在達到最高潮之際，引燃第二個心錨，然後卸除第一個心錨（手放開）。
❸引燃第三個心錨。

STEP 5

確認

確認STEP❹設定的心錨。

6 改掉在意對方視線的習慣

發現無意識的正面意圖

上班族A先生有一個煩惱，他每次跟人講話的時候，都很在意對方的視線。也因為他太在意對方的視線，所以講話缺乏自信。而且他認為缺乏自信，就是上司不重視他的原因。A先生很想**改善這種在意別人視線的毛病**。

用挑戰型探問釐清個人體驗

在思考解決手段時，會碰到幾個問題。首先，在意別人的視線到底是怎麼一回事（到底是怎樣的體驗）？這顯然**違反了「不特定動詞」**（▼P106）的**後設模式**（▼P102），**因此要先用挑戰型探問**（▼P102）**釐清具體訊息，找出是什麼體驗造成這個問題**。

另外A先生認為上司不重視自己，對自己有批判之意，這**也違反了名詞化的後設模式、普遍量詞的後設模式、讀心術的後設模式**（▼P107）。這些也是要釐清的重點。

反覆提出挑戰型探問，找出語言和實際體驗的關聯，盡可能釐清每件事正確的涵義。

順帶一提，在提出挑戰型探問的時候，雙方有沒有投契關係（信賴關係）是一大關鍵。所以在提問的時候，還要使用複誦（▼P68）技法建立投契關係。

將內容變更為正面的目標

A先生的那一個問題是，他想要改善在意別人視線的毛病。NLP的觀念認為，負面的目標無法達成，因此「不想在意旁人的視線」，這句話本身有

種負面的意涵。

這時候，**要找出期望背後所隱含的正面意圖，將目標（Outcome）變更為正面意涵。**這種情況下要使用後設目標探問。

這個技法的觀念認為，每個行為背後都有正面的意圖，後設目標探問可以找出更高層次的目標。持續提出適當的疑問，當事人會發現正面的意圖，將目標變更為正面的內容。

在稍後的專欄中（▼P138），A先生的目標改成了「發揮自信表達個人主張」。只要你用同樣的方式找出正面的目標，就能利用這個技法解決問題。

NLP MEMO

刺激潛意識來解決問題

據說，曾經有一個缺乏信心的人，去找理察・班德勒（▶P20）諮商。

那位案主表示「我不管念書還是工作都沒自信，我對自己的人生很沒自信。」班德勒反問他：「你從來沒有自信的感覺？」對方回答：「對，我這輩子沒體驗過自信的感覺。」班德勒聽完，不肯相信那位案主說的話。

後來那位案主也火了，表示：「你到底要我說幾次？我就真的沒自信啊！」班德勒告訴他：「你對自己的沒自信不就很有信心嗎？」班德勒並沒有對案主的談話表示任何反應，而是刺激對方潛意識中的正面意圖，導引出有自信的行為（資源）。

善用後設模式和後設目標探問，找出潛意識中的正面意圖

會惹出麻煩的行為，其實背後也有正面的意圖。以下用角色扮演的形式，來說明如何善用後設模式和後設目標探問，幫助各位釐清個人體驗，找出潛意識中的正面意圖。

課題

太在意對方的視線，沒法好好說話。希望侃侃而談，不必在意對方視線

B先生
（心理諮詢師）
A先生
求助者
（案主）

1 釐清個人體驗

採用複誦（▶P68）技法建立投契關係。

我太在意上司的視線，沒法好好說話。
所以您太在意上司的視線，沒法好好說話是吧？
B先生
A先生

也因為這樣，我缺乏自信，上司也不重視我。我跟其他同事或下屬，也沒法好好說話。
您覺得自己缺乏自信，得不到上司的認同，跟其他同事或下屬講話，也無法侃侃而談是嗎？
B先生
A先生

B先生複誦A先生的答覆，反覆提出挑戰型探問。

上司、同事、下屬，真的從來都不重視您嗎？
請具體說明一下，您希望怎麼得到上司的重視？
B先生
A先生

我希望表達意見時，可以充滿自信。
B先生
A先生

找出A先生的言談和實際體驗的關聯，漸漸釐清言談中的真正意圖。

A先生的言談違反了「不特定動詞」的後設模式。因此，B先生使用挑戰型探問，釐清A先生的體驗。

可否具體說明一下，您是如何在意旁人的視線？
B先生
A先生

上司不重視我，總是用批判的眼神看我。
其他同事和下屬，也用一樣輕蔑的眼神看我。

A先生違反了名詞化後設模式、讀心術後設模式、普遍量詞後設模式（▶P107），B先生繼續使用挑戰型探問。

「講話時不必在意旁人的視線」這句話當中有負面的涵義存在。

我希望講話的時候，不必在意旁人的視線。
B先生
A先生

B先生用後設目標探問，將A先生的目標變更為正面的目標。

如果您說話時不在意旁人的視線，請問這對您有什麼好處呢？
或許我就敢對上司發表意見，跟同事或下屬相處也會更輕鬆自在吧！
B先生
A先生

那好，假設您不在意上司的視線，也敢於表達自己的意見；跟同事或下屬相處也更加輕鬆自在，請問這對您有什麼好處呢？
我會更有自信吧？
B先生
A先生

B先生複誦對方的答覆，繼續提出疑問。

您想擁有自信嗎？
我想是的。
B先生
A先生

A先生的目標變成正面的目標了，現在他想擁有自信。

現在可以使用NLP的技法了。

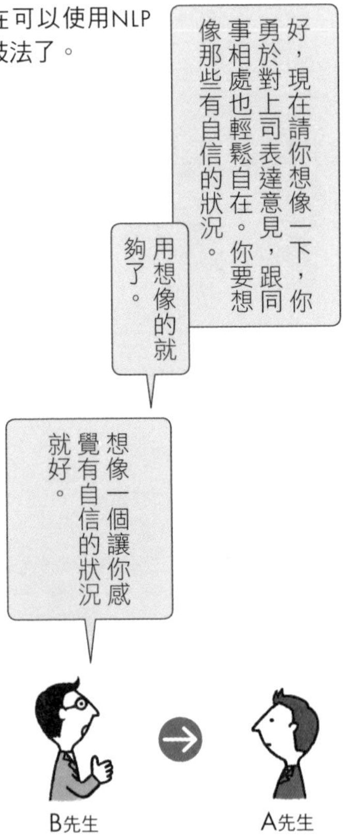
好，現在請你想像一下，你勇於對上司表達意見，跟同事相處也輕鬆自在。你要想像那些有自信的狀況。
用想像的就夠了。
想像一個讓你感覺有自信的狀況就好。
B先生
A先生

B 先生提供建議，讓 A 先生更容易融入狀況，同時導引 A 先生想像。

如果您過去有充滿自信的回憶，例如被別人稱讚，或是有體驗過達成目標的充實感，請您回想那些體驗，用那些體驗加強您的想像。
學生會
候選人

讓 A 先生想像有自信的狀況。

B先生
A先生

最後……

前面 A 先生碰到兩個狀況。第一個狀況是太在意旁人的視線，不敢對上司表達意見，跟同事相處也不自在，其實這是一種缺乏自信的狀況。另一個狀況是，他希望自己敢於對上司表達意見，跟同事相處也想保持自在。只要 A 先生想像自己充滿自信的狀況，就可以解決在意旁人視線的問題。

7 改善不好的人際關係

感知位置

M先生在公司服務七年了，最近他被調離長年任職的單位，本想順應這個新氣象，在新的單位大展拳腳。無奈他運氣不好，另一個討厭的前輩也調到同一個單位。而且，他們都在同一個企畫團隊工作，M先生的情緒低落，抑鬱寡歡。**他每天都在煩惱，不曉得有沒有改善雙方關係的良方？**

在職場上，我們不得不跟討厭的對象碰面，甚至於一起合作。然而，成天忍耐也只會帶來壓力，進而失去工作意願，因此我們需要解決問題。

像這種人際關係的問題，按照一定的順序體驗**感知位置**，可以找到解決的方法（不同NLP團體的感知位置順序不一）。

感知位置

感知位置是從三種角度來看待人際關係，因為透過不一樣的觀點，可以發現一些過去沒注意到的盲點，來改善人際關係。

順帶一提，**第一位置是自我角度，第二位置是對方角度，第三位置是中立客觀的角度**，要從這三個角度來使用技法。請試著站在不同的角度來思考。

①安置椅子

具體方法如下，先安置三張椅子。其中兩張椅子要正對在一起，剩下一張椅子要擺在看得到那兩張椅子的位置。這三張椅子分別命名為第一椅子、第二椅子、第三椅子。

第一椅子是自我的角度，也就是M先生的角度。第二椅子是對方的角度，也就是那位討厭的前輩。第三椅子是中立客觀的思考角度。當事人要坐在不同的椅子上，從不同的角度來思考問題。

②坐上第一椅子

先坐上第一椅子，想像對方坐在對面的椅子上。

③說出平日的感受

說出平日不敢說出口的感受。

④⑤執行打破狀態，移動到第三椅子上

如果覺得已經說夠了，就執行打破狀態（脫離當下的狀態），移動到其他椅子上（第三椅子）。關鍵是，**你要真的移動位置，站在別人的觀點來看事情**（分離，▼P48）。

移動到第三椅子以後，要站在中立客觀的角度來看待雙方的關係，仔細觀察自己和對方面對面坐在一起的模樣。也許M先生會發現，自己平時對前輩

NLP MEMO 確認自己在團體中的位置，人際關係會更加圓滑

許多人的感知位置多半執著於單一的位置上（立場）。第一位置是重視自我價值觀和信念的位置，第二位置是重視對方價值觀和信念的位置。第三位置是和雙方的狀況完全無關的位置。

比方說有一對夫妻，丈夫握有主導權，妻子對丈夫百依百順。那麼丈夫就處在第一位置，妻子則處在第二位置。一對好朋友會顧慮彼此，則兩邊都處在第二位置。一對上司和部下，部下凡事大驚小怪，上司則冷靜提供建言，這時候部下處在第一位置，上司處在第三位置。

三個位置一樣重要，重點是要靈活移動角度。太執著第一位置會變得自私自利，太看重第二位置則失去自我，太堅持第三位置的人就像旁觀者，也無法養成親密關係。

的態度很失禮。或者，前輩對M先生的態度很感冒。當事人要站在第三者的角度，說出自己觀察到的現象。一定要秉持客觀的角度，說出自己實際感受到的狀況。

⑥⑦執行打破狀態，移動到第二椅子上

該說的都說完以後，執行打破狀態，這次**移動到第二椅子，站在對方的角度來看事情**。要結合對方的感官（進入對方的狀態，感受主觀體驗），**思考對方會如何看待我方的行為**。重點是你要觀想自己正坐在前方的椅子上，然後站在對方的角度，說出你感受到的狀況。這時候，請想起你在第一椅子上說過的話，順便感受一下，你站在對方的立場聽到那句話，究竟有何感想。

⑧⑨執行打破狀態，移動到第一椅子上

該說的都說完以後，執行打破狀態，回到第一椅子。三個椅子都坐過了，也感受過不同立場的情緒和觀念。接下來，你要**比較開頭和最後，情緒和觀念有什麼樣的轉變**。

如果你有感受到變化，請思考這會對你們的關係造成何種影響。大部分人用過這套方法以後，會獲得一些意外的領悟，看待對方的觀念和情緒也會有所改變，對改善關係很有幫助。

感知位置的技法不只能改善人際關係，**用來解開誤會也非常有效**，對日常生活有莫大的益處。

試一試

體驗感知位置的技法

改善不好的人際關係

通常只要改變一下看事情的觀點，就能改善不好的人際關係。體驗一下感知位置，會更容易站在對方的角度來看事情。

STEP 1 放置椅子
先安置三張椅子。其中兩張椅子要正對在一起，剩下一張椅子要擺在看得到那兩張椅子的位置。

STEP 2 坐上第一椅
先坐上第一椅子，想像對方坐在對面的椅子上（結合）。

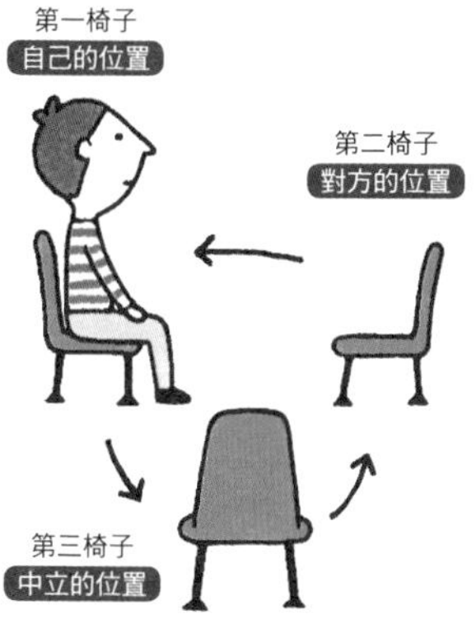

STEP 3 說出平日的感受
對著想像中的對方（第二椅子），說出平日所有的感受。

STEP 4 打破狀態
離開第一椅子，把自己當成別人。之後，活動一下身子，回歸日常狀態。

STEP 5 坐上第三椅子
移動到第三椅子，想像自己和對方面對面坐在一起的情況。從第三者的角度觀察二人，說出你感受到的狀況（分離）。

6
跟 STEP ❹一樣。

STEP 7 坐上第二椅子
移動到第二椅子，站在對方的角度說出對方的感受。回想STEP ❸說過的話，感受一下，你站在對方的立場聽到那句話，究竟有何感想（結合）。

8
跟 STEP ❹一樣。

STEP 9 回到第一椅子
比較開始和最後，情緒或觀念有什麼樣的轉變。

這樣算成功

➡看待對方的情緒和觀念有所改變。
➡獲得新的體悟，自身的思維變得更加靈活。

注：不同的NLP團體有不一樣的技法與步驟。

8 消除不信任感
感知位置和超智映現

S先生平日工作勤奮幹練，可惜無緣參加嚮往的企畫案，因此對上司有不信任感。**像這種不信任對方，又沒有確切理由的例子並不罕見。**而這樣的狀況，會對雙方的溝通造成不良影響。

超智映現技法可以有效解決此一問題，**超智映現技法是從感知位置演變而來的。**

感知位置又稱為「立場互換」，主要從自己、對方、中立這三種角度來思考問題，能夠體驗不一樣的立場（▼P142）。用來理解對方或改善人際關係都非常有效。

超智映現則是再多加一個第四位置，以得到更多的效果。

站在不同的角度思考問題

感知位置的技法如下，先安置三張椅子。兩張椅子要正對在一起，其中一張椅子當作第一椅子（自我的角度），另一張椅子當作第二椅子（對方的角度）。

最後一張椅子要擺在看得到那兩張椅子的位置，當作第三椅子（第三者的角度）。不同的NLP團體有不一樣的執行程序。

①先坐上第一椅子，想像對方坐在對面的椅子上（第二椅子）。對著想像中的對方，說出平日不敢說出口的感受。如果覺得說夠了，就執行打破狀態（脫離當下的狀態）。

②這次移動到第二椅子，站在對方的角度來看事情，思考對方會如何看待我方的行為。該說的都說完以後，執行打破狀態。

③接下來移動到第三椅子，要站在中立客觀的角度，觀察自己和對方面對面坐在一起的模樣，說出自己觀察到的現象。

④回到第一椅子，比較開始和最後，情緒和觀念有什麼樣的轉變。

⑤再來站在第四位置，這個位置必須能綜觀前面三個位置。客觀看待三者的關係，用不同的角度看事情，思考解決問題的策略。藉由替換立場的方式改變個人觀點，或許可以找到新的資源。

步驟⑤是超智映現技法，有多方審視人際關係的效果。

NLP MEMO 華特・迪士尼也用過的方法──迪士尼策略

NLP的共同開發者羅伯特・迪爾茲，開發出一套有系統的方法，利用三種不同的角度提出不一樣的意見，來解決當下面臨的問題。這一套方法就是「迪士尼策略」。過去華特・迪士尼實際用過這一套方法，因而得名。以下分別介紹這三大角色：第一是夢想家，也就是說出自己要實現何種夢想。第二是現實主義者，思考具體的方案來實踐夢想。第三是評斷者，必須嚴格檢視夢想實現的可能性。從這些不同的角度提出意見，經過各別評估以後，即可構思出具體的夢想實現計畫，或是找出問題的癥結。

華特・迪士尼用這一套方法經營動畫公司，在海內外獲得了巨大的成功。

試一試

利用超智映現技法改變狀況

▼▼▼客觀審視你和對方的關係

使用超智映現技法，可以從各種角度審視人際關係，化解當下面臨的困境。

準備 想像一下你試圖解決的人際問題

先想好你要解決什麼人際上的煩惱，以下用P146的例子來做介紹。

例 「S先生平日工作勤奮幹練，可惜無緣參加自己嚮往的企畫案，因此對上司有不信任感。」

STEP

1 安置三張椅子

兩張椅子要正對在一起，其中一張椅子當作第一椅子（自我的角度），另一張椅子當作第二椅子（對方的角度）。最後一張椅子要擺在看得到那兩張椅子的位置，當作第三椅子（第三者的角度）。

STEP

2 坐上第一椅子

想像上司坐在對面的椅子上（第二椅子）。對著想像中的上司，說出平日不敢說出口的感受或想法。

POINT 坐上第一椅子時，看重自己的意見就好，不必顧慮其他人的立場，好好思考對方的意見和行為對你造成何種影響。實際說出個人感受的時候，你要真的認為對方就在你面前（發揮結合的效果）。

STEP

3 執行打破狀態（脫離原先的狀態）

上一個步驟該說的都說完以後，起來走一走深呼吸，打破原先的狀態。由於第一椅子和雙方的關係有很深的牽連，因此必須完全打破原先的狀態，再來坐上第二椅子。使用超智映現技法，可以從各種角度審視人際關係，化解當下面臨的困境。

STEP

4 坐上第二椅子

移動到第二椅子，把自己當成上司，思考對方會如何看待我方的行為，然後說出來。

POINT 好好思考上司的立場、使命、價值觀，說出上司必須讓部下知道的事情。模仿上司的肢體動作或口吻。

這樣算成功

⬇改變你對上司的看法。⬇改變自己的觀點。⬇自己的行為和心境有所轉變。

STEP 5 執行打破狀態 和STEP❸一樣。

STEP 6 坐上第三椅子

移動到第三椅子，想像第一椅子的部下（自己），和第二椅子的上司面對面坐在一起，要站在中立客觀的角度，說出自己觀察到的現象。

POINT 上司可能不知道，部下想要加入企畫團隊，嘗試全新的挑戰。部下應該更具體表達自己的意願才對。

STEP 7 回到第一椅子

在第三椅子澈底觀察雙方以後，回到第一椅子。感受一下坐在不同的椅子上，情緒和觀念有什麼樣的差異。

例
- 有沒有明顯的差異？
- 有沒有得到什麼體悟？
- 有沒有新的變化？
- 對雙方的關係有沒有不良影響？

STEP 8 站在第四位置

離開第一位置，站在第四位置，這個位置必須綜觀前面三個位置，用不同的角度，思考解決問題的策略（對策）。

POINT ❶思考第一位置的人有哪裡做不好，或者行為和感情有什麼應該克制的地方？有沒有辦法提出更明確的主張？
❷思考邏輯層次的層級。
❸行為和思維的一致性。

9 改變自私自利的心態

部位模式和後設目標框架

T小姐做事積極，踏入社會也第四個年頭了。她在職場上按部就班累積資歷，私生活也過得非常充實，一有空就學瑜伽、做菜、上英文會話課。乍看之下她過得不錯，但近來她的表情陰鬱，似乎有什麼煩惱的樣子。

T小姐很重視自己的生活，所以一向準時下班，從不答應加班的要求。前幾天，**同事指責她太我行我素，她擔心自己是否真的太自私**，也試圖解決這個問題。

部位模式的觀念，以及這一套觀念的統合技法，可以有效解決類似的煩惱。

利用部位模式發現自己的問題

我們經常會說，自己內心的另一面似乎有不同的想法。這是一種很自然的傾向，代表我們習慣理解自己的行為和情感，同時歸納出一個結論。

內心的另一面有不同的想法，這在NLP稱為「部位」。所謂的「部位」，就是**指當事人的內在部分，會引起特定的行為或感情**。至於**部位模式，就是去刺激和特定行為有關的內在部位，化解有問題的行為**。

使用部位模式的技法時，**要對自己的潛意識說話，和自己好好交流，彷彿自己心中真的有「某種深層部位」**。

部位模式的實踐方法如下。首先從內在部位中找出兩大部分，一是被同事說太自我中心而深感煩惱的部位，二是重視私生活的部位。

由於這兩部分都有「正面的意圖」，所以要先找出來，好好面對才行（▼P136）。**正面的意圖不一定會產生好的行為，但背後一定藏有重要的事實。**使用後設目標探問（▼P137），找出正面的意圖。

善用後設目標框架

找出前面提到的兩大部位後，使用後設目標探問（▼P138），分別說出不同部位的優點何在。比方說，先反問自己一個問題，把自私視為一種隱憂，到底有什麼好處？用這樣的方式反覆質問自己，最後可以得到一個答案。改變自我中心的毛病，和同事培養良好關係，工作和生活會更加安定。

接下來再反問自己，準時下班去學瑜伽、廚藝、

NLP MEMO

部位模式就是維琴尼亞・薩提爾提倡的部位派對

部位模式主要刺激自己內在的「特定部分」，這一套概念源自於維琴尼亞・薩提爾提倡的「部位派對」。薩提爾是美國心理治療的權威，也是家庭治療的專家。

她認為每個人都有不一樣的部位，各種煩惱和糾葛都是這些部位引起的。因此，要先釐清案主（求助者）的人格特質中有哪些部位，將不同的部位統一起來。

順帶一提。維琴尼亞・薩提爾也是NLP創始者參考的對象之一。約翰・葛瑞德和理察・班德勒（▶P20）開創NLP時，就參考薩提爾的論述，開發出後設模式（▶P102）、換框法（▶P94）等重要技法。

英語會話有何好處？最後可以得到一個答案，學習各種才藝就是珍惜自己的生活。換句話說，這兩個部位的期望，到頭來都是一樣的。

所謂的後設目標探問，就是用提問的方式找出正面的意圖。但從結果上來看，會發揮換框法（▼P94）的效果，這又稱為「後設目標框架」。

最後，要將兩個糾結的部位統合起來。只要成功統合，煩惱自然消除，也會產生不一樣的行為模式。

統合的步驟誠如（▼P153）所示，請善用想像力，體驗兩個潛意識的部位統合的感覺。

試一試

練習後設目標和換框法

▼▼▼改變煩惱的印象，以此解決問題

同樣的問題用不同的手法處理，解決的方式也會不一樣。部位模式的用意是消除有問題的行為，後設目標和換框法則是改變看待行為的方式，而不是改變行為本身。接下來，請體驗一下後設目標和換框法。

STEP 1

找出想要改善的行為

找出想要改善的行為。

例「不願留下來加班，總是以自己的興趣為重。」

STEP 2

釐清兩種不同的內在情感

釐清自己心中有什麼互相牴觸的感情。

例「我不想加班，但也不想被說自私。」
「問題是，太常加班就不能學才藝，我討厭那樣。」

STEP 3

換框法

使用後設目標探問（用提問的方式找出正面的意圖），找出不同部位的優點，發揮換框法的效果（改變觀念）。

例「不留下來加班，對我有什麼好處？」

STEP 4

統合

按照下列的方式，對自己的兩個部位說話。

例「好，其實我心裡的兩個部位，追求的東西都是一樣的。想像一下這兩個部位互相尊重的模樣吧！然後，想像這兩個部位融合、統一的狀況。想像出來以後，給自己一段充分的時間，讓統合後的部位成為我自己的一部分。」

STEP 5

思考自己一開始的煩惱

心情沉澱下來以後，檢討STEP❶的煩惱。看看是否有產生變化？若有變化，又是什麼樣的變化？

這樣算成功

➡ 印象改變了。
➡ 面對同一個問題，想到了不一樣的行為模式。

例「事先把學習才藝的日程告訴同事，跟他們商量哪些日子可以留下來加班。」
「學習才藝的日子盡量彈性一點，安排其他替代日程。」

10 讓對方感到愉快的對話技巧

複誦和跟隨的策略應用

就算你平常跟朋友聊天很愉快，參加社團活動也有享受到交流的樂趣，如果我告訴你還有更愉快的對話方法，或許你也會想一探究竟吧？

基本上，雙方要互有親近感，才能好好享受對話的樂趣。因為面對不信任的對象，我們會產生警戒心，沒法打開心房好好談話。

所以**要享受對話，你必須先讓對方產生親近感**。NLP有一些技法很適合用在這種場合，例如**複誦**（▼P68）和**跟隨**（▼P72）等。複誦和跟隨單獨使用也很有效果，搭配其他技法使用效果會更好。

另外，**將對象和狀況予以概括化的方式**（▼P92）用來打開話匣子也很有效。利用上推、下切、平行等方式，可以深入探討同一個話題。以下就介紹複誦、跟隨、將對象和狀況予以概括化的策略應用方法。

擬定策略

複誦和跟隨是建立投契關係（信賴關係）的基礎，你必須善用這些技巧，對方才會樂於和你對話。

再來，**要讓對方感到愉快，你需要一定的策略。**NLP有所謂策略模式的觀念，這一套觀念認為人類的思考是有順序的。

策略的基本要素除了表象系統的V、A、K（▼P30），有時也會融入NLP以外的要素，例如當事人的記憶力，記住對方的姓名，還有講究思考的靈活度、專業技術、知識、特長等。

參加派對需要比較高檔的對話技術，我們就用這個例子來思考一下。當你在思考參加派對的策略時，要先注意那些擅長取悅旁人的對象。那種人的行為很有參考價值，你要仔細觀察他們的行為，拿來當參考對象。

比方說，他們跟陌生的對象碰面，是如何展開對話的？是先從自我介紹開始，還是先問對方問題？接下來，他們是如何延續對話的？是主動提供訊息，還是打聽對方的訊息？然後他們又是如何中斷對話的？

請參考這些要素擬定你的策略，策略共有三個階段。

①導引

首先，找一下自己有哪些資源（解決問題的能力和資源），可以讓對方享受對話。

②擬定方案

NLP MEMO 實現心願的必要策略——鈴木一朗的作法

取悅對方需要策略。同樣的道理，實現個人的心願也需要策略。

活躍於大聯盟的鈴木一朗選手，不只是苦練棒球技巧，他還積極進行各種訓練，讓自己保持在最佳狀態。據說，鈴木一朗擅長用自我控管的技巧，產生比常人更多的 α 波（一種腦波）。

α 波只有在身心安定時才會產生，α 波越多，就越容易分泌舒壓的賀爾蒙。

換句話說，α 波足夠可以保持心靈平靜，在潛意識中深化個人的心願。如此一來，實現心願的可能性會大幅提升。換句話說，鈴木一朗有一套自己的方法，來保持最佳狀態。

放棄無效的方法，重新擬定新的策略。調查對方側重的視覺和聽覺傾向，了解對方在什麼樣的情況下會感到開心。如果有值得參考的對象，概括出值得效法的部分。

切記，**你沒辦法真的變成別人。擬定策略的前提是，要澈底發揮自身的能力。**

③導入

練習使用新的方法，這是掌握新技能最快的捷徑。

請參考以上的流程，擬定你的策略。

試一試

勤於演練實行擬定好的策略

▼▼▼如何讓對方享受對話

STEP 1

導引

要掌握取悅對方的談話技巧，先思考一下自己有哪些資源，並記錄下來。

◆會彈吉他
◆擅長跳舞
◆聲音洪亮
◆走路速度快
◆擅長做菜
……

確認自己有多擅長複誦和跟隨，這一點很重要。

要掌握取悅對方的對話技巧，你不只需要 NLP 的技法，還需要各式各樣的資源。請確實擬定策略，實際嘗試看看。

STEP 2

擬定方案

在談話過程中，觀察對方的視覺和聽覺傾向，了解對方在什麼樣的情況下會感到開心。如果有值得參考的對象，概括出值得效法的部分。具體內容如下。

STEP 3

導入

想像一下你想達成的境界，實際進行演練。

非語言的觀察重點

❶觀察對方說話的姿勢、肢體動作、音調、音量等。

❷思考自己要呈現怎樣的形象，或者表現出沉著冷靜的態度。

語言的觀察重點

❶觀察對方和陌生的對象談話時，如何打開話匣子。

❷觀察對方如何延續對話。

❸觀察對方如何中斷對話。

這樣算成功

➡對話氣氛愉快。

➡演練時相當順利。

➡演練時對話很熱絡。

11 好好表達自己的想法

模仿的策略應用

在職場上開會，要說出違反主流意見的觀點並不容易。就算只是跟朋友聊天，當你不願破壞氣氛的時候，你也說不出真正想說的事情。**有話想說卻不好意思說出口**，其實這樣的情況還蠻常見的。

不管在什麼情況下，敢於表達自己的想法和觀念是很棒的事情。**模仿技法就是一種非常有效的手段。**

模仿是NLP的一種技法，**假設有人已經做出你要的行為或結果（模範），模仿那個人的行為模式，或許有機會獲得同樣的成果。**

理由在於，模仿對方的動作、表情、思維，五感會將這些訊息傳遞到腦部，創造出一套全新的思考程式，最終養成一樣的行為和思考模式，也更容易獲得成功。

過去有無數的人使用這一套技法，也確實功成名就。

關鍵在於具體觀想

以下就來介紹使用模仿技法的步驟。

①設定目標（Outcome）

重點是具體設定你想達成的狀態，這裡說的目標，是指在緊張的場合，或是有可能產生對立的情況下，仍然敢於表達自己的意見和主張。要像這樣具體設定目標才行。

②設定模範

設定好目標以後，再來尋找合適的模範。要用親朋好友還是陌生人當模範都無所謂，哪怕是虛擬的

人物也沒關係。關鍵在於**具體觀想對方的行為、思考、動作**。另外，釐清對方如何成功也很重要。前面提到的**策略思維**（▼P154），**在這種情況下也用得到**。

例如，對方如何分析會議的相關資訊？如何表達自己的意見、感情、情緒？如何表達自己的提議？提議遭到反對的時候，又會展現什麼樣的態度？讓步的作法又是如何？請事先統整好這些訊息，做足準備。

模仿某個模範對象，達到你心目中的理想狀態

所謂的模仿技法，就是擬定某個模範對象，觀想對方的動作、表情、音調、習慣、思維等要素。等到你可以很自然的表現出來，就能輕易獲得理想狀態了。

1 設定目標

2 設定模範

3 做好模仿的準備

蒐集模範對象的訊息，觀察對方的言行舉止、穿衣品味、遣詞用字、思考方式。

4 實際模仿

假裝你就是那個模範對象，澈底模仿對方的言行舉止、穿衣品味、遣詞用字、思考方式。

5 自然的表現出來

6 達到理想狀態

③具體觀想模範對象

再來具體觀想你的模範對象，試著進入狀態（融入當下狀態）。要仔細觀想對方的行為、動作、表情等要素。

④把自己代入對方的角色

澈底觀想以後，把自己代入對方的角色。模仿對方的行為、表情、動作、說話方式、音調、思維，好像你真的變成那個人一樣。

體驗過這種狀態以後，先打破狀態（脫離模仿的狀態）。之後再次進入狀態，確認自己在那個狀態中的行為，成功了就再次打破狀態。

接下來，確認你的狀態和以前相比是否有變化。如果沒有得到想要的效果，不妨重新挑戰一次。多挑戰幾次就會成功了。

試一試

利用模仿技法改變心態

▼▼▼模仿理想的模範對象，掌握成功的訣竅

你的模範可以是親朋好友，或是各種媒體上的人物。先仔細觀想你的模範對象，模仿對方的言行舉止。要事先做好準備，澈底考察你該模仿的部分，斟酌模仿的方法。這才是模仿的關鍵。

這樣算成功

➡跟還沒模仿時相比，心境有了轉變。

➡感覺自己似乎達到了理想的狀態。

STEP 1
設定目標（Outcome）

找到你理想中的行為模式。

例

希望在會議上勇敢表達自己的意見。

跟立場殊異的對象進行有建設性的對話。

STEP 2
設定模範

選擇你要當目標的模範，基本上選誰都沒問題，重點是要能具體觀想對方的言行舉止。

STEP 3
做好模仿的準備

蒐集對方的具體訊息，詳加整理。好比觀察對方的言行舉止等。

- 對方如何分析會議上的資訊？
- 對方如何表達意見和感情？
- 對方發表提案的程序是什麼？
- 對方遭到反駁時，有什麼樣的反應？讓步的作法又是如何？

STEP 4
具體觀想模範對象

觀想模範對象，進入模仿的狀態。具體觀想對方的行為、動作、表情等要素，最好連周遭的景色、聲音也觀想。

STEP 5
把自己代入對方的角色

在觀想過程中代入對方的角色，澈底化為對方。將STEP❷歸納好的情報說出來，感受一下你的所見所聞，還有身體和周遭的狀況。如果有其他人在場，順便看看他們的反應。

STEP 6
打破狀態

輕晃身體，轉動手臂，回歸日常狀態。

STEP 7
進入狀態進行確認

再次進入STEP❹的狀態，觀想自己模仿對方的情況。不要只是觀想自己的行為，最好也觀想周遭的聲音、景色、溫度等要素。

STEP 8
打破狀態

澈底感受到成功的狀態以後，執行打破狀態回歸日常。確認個人狀態，萬一效果不夠充分的話，再從STEP❹挑戰一次。

歡迎認識
NLP！

何謂溝通真正的目的？

用導引的方式帶給對方變化

前面已經提過溝通最講究投契關係，也就是所謂的信賴關係。不化解對方的不信任感，無法圓滑的溝通，更遑論建立良好的關係。彼此要先有信賴關係，才能心意相通。

那麼，溝通的目的是心意相通嗎？當然，這也是很重要的目的之一，但只講究心意相通的話，溝通就變成了單純的社交手段。溝通真正的目的，不只是心意相通而已。而是透過溝通的手段影響對方，進而產生一些正面的變化。

良好的溝通有助於雙方成長

比方說，我們聽朋友談起戀愛的煩惱或婚姻危機，都會提供各式各樣的意見，希望對方過得更好。在職場上開會，上司也會透過激勵或建言，來激發部下做事的幹勁。

NLP 有一種叫導引的技法，可以用溝通的手法讓對方達到更好的狀態。

首先用度測（▶P60）仔細觀察對方，再用跟隨（▶P72）和複誦（▶P68）迎合對方。先和對方建立起投契關係，才有辦法進行導引。具體來說，要用適當的談話或提問方式，誘導對方達到更好的狀態。當下使用的語言和提問，只要帶給對方啟示就好，對方得從自己內心找到答案。

導引不是命令或指示，不能強迫對方，更不是隨心所欲操弄對方。

良好的溝通有助於雙方成長，請銘記這一點。多認識一些朋友，和他們建立信賴關係，讓自己過上更美好的人生吧！

PART 4

活用NLP的技法②

如何提升工作技能？

1

確立願景非常重要

時間軸

各位每天忙著工作，是否在無意間變成了一個因循怠惰的人？要避免這樣的狀況發生，重點是**確立你的願景，往目標（Outcome）邁進**。時間軸的技法有很大的幫助。

所謂的「時間軸」，是一種**幫你獲得理想現狀或理想未來的技法**。每個人的腦海中都有一條連接過去、現在、未來的時間軸，我們可以用這條時間軸自由穿梭過去與未來。關係到過去、現在、未來的程式，多半是以某種記憶或形象積蓄在腦海中。**善用自己心中的時間軸，修正或編輯這些程式，就是時間軸的技法**。

使用時間軸技法，可以進行各式各樣的驗證。例如，前往未來確認自己設定的目標，用未來的角度審視現在，思考更有效率的做事方法等。如此一來，每天的生活就會有適當的緊張感，處理工作也會更有幹勁。

時間內和內時間軸

NLP的時間軸技法有兩大設定，**一是時間內設定，也就是自己進入時間軸，和整個時間軸同化；另一個是內時間軸設定，也就是抽離時間軸**。

時間內設定是**進入時間軸，時間內體驗自己的過去和未來**；內時間軸設定則是**拉長時間軸**，像在看年表一樣眺望時間軸。

試一試

體驗一下時間軸

▼▼▼穿梭過去與未來，解決你的煩惱

使用時間軸技法，前往未來確認自己的目標，或是置換過去的記憶吧！

體驗時間軸

課題 1

前往未來尋求意見，解決當下的煩惱。

時間軸的特徵	時間軸能自由穿越過去和未來，可以從過去帶來有效的資源（解決問題的能力或資源）解除當下的煩惱。或者乾脆前往未來，提供一些建議或訊息給現在的自己。當然，要從過去前往未來也行。

STEP 1

與時間軸同步

觀想自己的身體與時間軸同步。要善用時間內技法，必須和時間軸同步才行。使用內時間軸技法的時候，也會視情況所需而使用即時技法。因此，要先掌握時間軸的設定方式。

未來在前面，過去在後面

❶ 身體的前方代表未來，後面代表過去。
❷ 觀想「當下」就在你的眼球後方。
❸ 然後，觀想未來一直延伸到前方，稍微有點往上的感覺。
❹ 過去往後腦勺的方向一直延伸，稍微有點向下的感覺。
❺ 往後方延伸的線（過去）和往前方延伸的線（未來），在體內聯繫起來。有觀想到這個景象就算成功了。

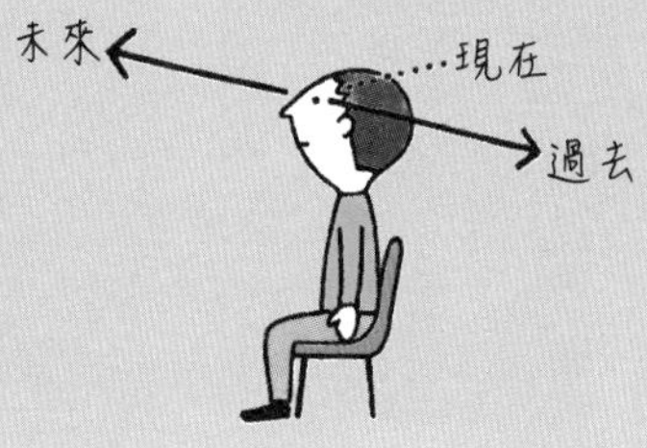

※其實，每個人都有獨特的時間軸。比方說，也有可能左邊代表過去，右邊代表未來。這種情況下，可以同時看穿過去和未來，因此在看待時間軸時，要比較兩個不同的時間。

體驗時間內設定和內時間軸設定

課題 **2**

回到過去，化解那些盤據心頭的往事。

全時設定的特徵

這是把時間軸拉長的一種方法，就好像在眺望歷史年表一樣。這跟融入時間軸的即時設定不同，是採用分離的方式看待時間軸。由於可以綜觀整條時間軸，適合用來規畫人生，進行時間管理。

STEP 1

和時間軸同化

與課題1相同。

STEP 2

回到過去

站在時間軸上，面朝前方直直往後退。一邊後退，一邊思索過往的回憶中有哪些資源。覺得回憶夠了，就停下來。

STEP 2

前往未來取得目標（Outcome）

1 在時間軸上漫步，直到你取得自己想要的目標為止。

2 從未來的角度回頭審視現在，想像一下達成目標需要經歷哪些事情。仔細觀想煩惱已經解決的未來。

STEP 3

提供建言

1 在觀想時，好好感受一下煩惱已經化解的狀態。

2 回過頭，對著現在的自己提供意見或建言。

STEP 4

回到現在

對現在的自己提供意見或建言後，循著時間軸的原路走回現在。

這樣算成功

➡心情產生變化。

➡面對煩惱比較沒有那麼沉重了。

STEP 3

回顧你一直很在意的往事，進入那個狀態

進入你一直很在意的往事（進入狀態），彷彿身歷其境一般。

STEP 4

從旁觀者的立場眺望過去

往旁邊移一步（左右皆可，稍微脫離時間軸），站在旁觀者的立場，觀望STEP❸的往事。這時候是脫離時間軸的狀態，可以搜索有哪些資源（解決問題的能力或資源）派得上用場。思考一下，善用那些資源以後，過去無法解決的問題會產生何種變化。

未來
過去

STEP 5

再次使用時間內設定

1. 再次融入時間軸，回到往事快要發生的前一刻，善用自己找到的資源，觀想自己做出了理想的行為。
2. 在時間軸上前進，觀想自己之後的行動，同時慢慢回到現在的位置（等於置換了過去的記憶）。

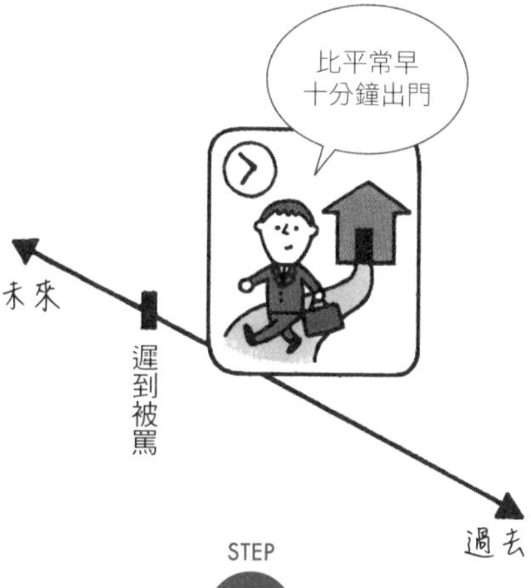
比平常早
十分鐘出門
未來
遲到被罵
過去

STEP 6

確認效果

回到現在以後，脫離時間軸，執行打破狀態（脫離原本的狀態）回歸日常。比較一下已經置換的往事，和現在有哪些差別。

這樣算成功 ➡心情產生變化。 ➡面對往事比較沒有那麼沉重了。

2 模仿

成爲欣羨的對象獲取成功

T先生的職場上，有一位前輩深受眾人的好評和信賴。T先生也想提升自己的技能，成為像前輩那樣的人。這種情況下，使用NLP的**模仿技法**（▼P158）非常有效。

如果有人已經達成我們期望的行為和結果，那麼模仿那個人（模範）的作為，採取相同的行為模式，就有機會得到同樣的成果。

人類在獲得某種體驗時，體驗會透過五感傳遞到腦部，形成一套新的程式。換句話說，**只要自己有採取行動，就算只是模仿別人的行為，也可以化為自身的體驗累積在腦部中。到頭來，你不只能掌握模範對象的行動和思維模式，也更容易取得成功。**

具體觀想你的模範對象

簡單介紹一下模仿的步驟。

首先**設定具體的目標（Outcome），決定一個模範對象**。找一個不認識的對象也行，但重點是你要能明確觀想對方的表情、動作、聲音。請**觀想你的模範對象，進入對方的狀態**，具體想像對方的行為、動作、表情。觀想完以後，**把自己代入對方的角色**。你要把自己當成那個模範對象，模仿對方的行為、說話方式、思考方式，尤其對方用的策略一定要模仿。

模仿看似簡單，但一開始嘗試並不容易，成功的祕訣就是要多嘗試幾次。

善用模仿的技法，變成你心目中的模範對象

以你欣羨的對象為模範，模仿那個人的言行舉止。要先確認對方的表象系統（▼P30）、次感元（▼P46）、邏輯層次（▼P128），深入了解他的信念和價值觀，把自己當成那個人。接下來，就用心理諮商師和案主的狀況來說明。

課題

模仿憧憬的A前輩，不管遇到任何困難，也要勇往直前獲得成功

C先生
（心理諮商師）
T先生
求助者（案主）
A先生
前輩（模範）

1 設定目標（Outcome）和模範對象

首先詢問案主的目標。

請問您想要得到什麼樣的成果？
不管在工作上遇到任何困難，都想保持衝勁。
C先生
T先生

確認案主要以什麼為成功依據。

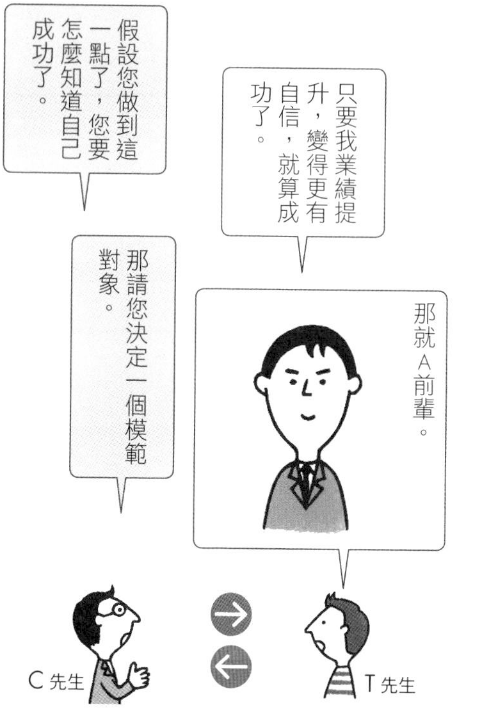
假設您做到這一點了，您要怎麼知道自己成功了。
只要我業績提升，變得更有自信，就算成功了。
那請您決定一個模範對象。
那就A前輩。
C先生
T先生

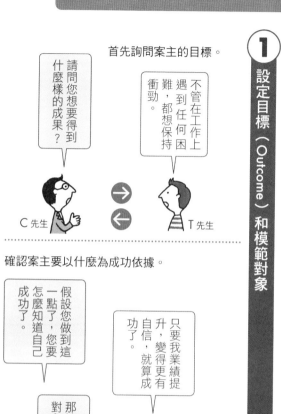

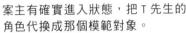

2 觀想模範對象

那好，請具體回想那個人的表情、動作、音調等要素。有了鮮明的印象後，請仔細觀察對方的行為。
觀想模範對象，進入對方的狀態。
C先生

詢問案主觀想的情況，確認案主有沒有確實進入狀態。

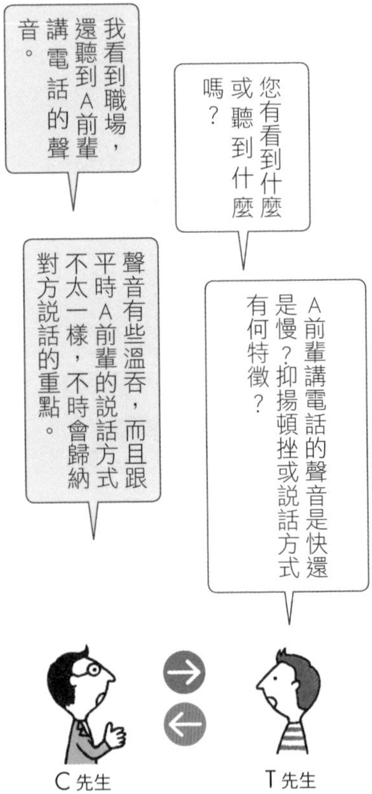
您有看到什麼或聽到什麼嗎？
A前輩講電話的聲音是快還是慢？抑揚頓挫或說話方式有何特徵？
我看到職場，還聽到A前輩講電話的聲音。
聲音有些溫吞，而且跟平時A前輩的說話方式不太一樣，不時會歸納對方說話的重點。
C先生
T先生
案主有確實進入狀態，把T先生的角色代換成那個模範對象。

那好，請把你自己代入A前輩（模範）的角色中，只置換你的身體也沒關係。
T先生
A前輩
C先生
T先生

置換好以後，請試著活動身體。
C先生
T先生
A前輩
T先生

您有什麼樣的感覺？有看到或聽到什麼嗎？
請說看看。
T先生
A前輩
C先生
T先生

T先生說出自己觀想時的視覺、聽覺、肢體感覺，連詳細的次感元都說了。

3 確認模範對象的邏輯層次

您身在何處？又跟誰在一起？周遭的景色如何？您自己有什麼感覺？請把自己當成那個模範對象，回答一下這些問題。

1 環境層次的提問 —— 您現在在哪裡？

2 行為層次的提問 —— 您在做什麼？

3 能力層次的提問 —— 要做到那件事情，您需要什麼樣的能力？

4 信念、價值觀層次的提問 —— 您重視的是什麼？

5 自我認知層次的提問 —— 您的使命為何？

請活動活動身體，好好感受一下你觀想出來的自己。然後，請說出你看到和聽到的一切，還有身體的感受等等。

T先生必須回答前面的五個疑問。

打破狀態。

看來您已經徹底感受過了，現在請脫離你觀想的模範對象。甩甩手，輕輕搖晃身子，回歸日常狀態吧！

想像自己得到的資源，實際用用看看。

現在感覺如何？那好，您在觀想過程中，從模範對象的身上獲取了哪些資源？請想像一下，您用那些資源採取行動的模樣，接著實際採取行動。

最後……

比較施行前後有沒有什麼變化。

3 如何有效率的處理工作？

後設程式

A先生到新的單位任職，職場的氣氛和前一個單位截然不同，原本的幹勁也蕩然無存。同事之間的溝通稱不上圓滿，工作進度也經常延宕。A先生希望有效率的處理工作，卻又不曉得該如何是好。

這種情況下要**先頻繁溝通，了解彼此的想法，這一點很重要。每個人都有自己的個性，以及不同的思維和行為模式**，這些都是我們判斷事物和溝通的基準。像這種行為模式和思維準則的基礎要素，NLP稱之為**「後設程式」**。

後設程式**決定了我們的思維和行動，是比思維更高階的程式**。也類似於一種過濾機制，當事人特有的思考模式，就是由大量程式匯集而成的。

個性取決於後設程式

後設程式有各式各樣的類型，幾乎無法一一細數。比較常見的類型是，當我們在遇到某個難題時，會思考要不要努力達成目標（Outcome），還是要規避失敗的風險？再來就是當事人的重心是放在過去或未來？後設程式的種類和數量因人而異，有時候想法或行為改變，也會導致後設程式改變。

後設程式的基本類型，以及分辨對方的後設程式

人類的性格主要源自於各種後設程式，觀察對方的後設程式，可以深入了解對方，預測其思維或行為模式。另外，事先掌握自己的後設程式，在溝通時也派得上用場。以下就介紹幾個最具代表性的後設程式，以及分辨後設程式的方法。

方向性的後設程式

會積極追尋自己嚮往的目標

屬於「積極面對的人」

⇒思維比較積極正面

「我要做好這份工作，爭取最多的業績。」

會逃避自己不喜歡的事物

屬於「逃避、疏離型的人」

⇒一切行動都是為了迴避不好的結果

「快點完成這份工作，免得還要留下來加班。我希望自己的工作速度不要比別人慢。」

時間軸的後設程式

意識多半專注在過去

屬於「過去型的人」

⇒話題多半提及過去

「這件事過去沒有先例。」

意識多半專注在現在

屬於「現在型的人」

⇒話題多半提及現在

「總之，我想處理好現在發生的問題。」

意識多半專注在未來

屬於「未來型的人」

⇒話題多半提及未來

「今後只要這樣東西普及率夠高，我們就能搶下最大的市占率。」

行為的後設程式

會掌握主導權，
事先規畫再來行動
屬於「主動型的人」
⇒會明確說出自己的意見和期望
「這一次開會需要司儀，能讓我試看看嗎？」

等待他人的提議或指示，
樂於接納並採取行動
屬於「被動型的人」
⇒配合對方的意見和期望
「關於這個問題，我贊成你的意見。」

將對象和狀況予以概括化（▶P92）的後設程式

綜觀全局，掌握全盤狀況
屬於「全面型的人」
⇒關注價值或整體的狀況
「這一個企畫的目標和意義是什麼？」

詳細分析事物，鉅細靡遺掌握狀況
屬於「詳細型的人」
⇒關注詳細的內容
「請告訴我這一個企畫的參與人數，以及準備的時間。」

手段的後設程式

同時處理好幾件事
屬於「平行型的人」
⇒同時進行
「我會一次處理好這兩件事。」

依序處理每一件事
屬於「連續型的人」
⇒先從別人要求的事情做起
「等我做好這件事，就會處理另一件事。」

參考的後設程式

根據旁人的建議來做決定
屬於「外在型的人」
⇒交給對方決定
「就去你推薦的餐廳吧！」

根據自己的想法來做決定
屬於「內在型的人」
⇒自己掌握主導權
「帶你去我推薦的餐廳吧！」

目標的後設程式

盡人事聽天命
屬於「樂觀型的人」
⇒肯定目前的成果
「雖然還沒達到目標，但已經有不錯的成果。」

總是輕言放棄，妄自菲薄
屬於「悲觀型的人」
⇒認同放棄的行為
「我會努力達成目標，但有可能失敗。」

一心往上爬，永遠不滿足
屬於「完美主義型的人」
⇒熱忱會持續下去，直到達成目標為止
「目標是有點高，但我希望大家一起努力達成。」

不相信目標或價值
屬於「懷疑型的人」
⇒一開始就不重視目標
「這個目標太高，根本不可能辦到。」

比較的後設程式

看待人事物，
會尋找跟自己的相同點
屬於「相近型的人」
⇒有迎合他人的傾向
「你用的這個包包，我也很喜歡。」

看待人事物，
會尋找跟自己的殊異點
屬於「差異型的人」
⇒尊重對方的行為或思維
「我認為你冷靜處理工作的方式很好，我也想學一下。」

狀態的後設程式

用自己的感官（五感）
實際去感受體驗
屬於「連結型的人」
⇒會把自己感受到的表達出來
「這一家店的氣氛和菜色都很棒，簡直就是天堂。」

從客觀的角度看待個人的體驗
屬於「分離型的人」
⇒冷靜評估
「這家店價格有點高，但很適合帶戀人去。」

4 如何做出一場成功的簡報

四角地圖

銷售員S先生近期會代表公司，去對客戶做簡報。他聽從上司的建議完成企畫書，也有做好簡報演練，再來就剩當天大顯身手了。不料，隨著簡報的日期將近，S先生開始擔心失敗的風險，晚上煩惱到睡不著覺。他害怕再這樣下去，就算自己做好萬全的準備，也有可能陰溝裡翻船。

NLP的**四角地圖**技法，可以有效解決這樣的困境。

所謂的「四角地圖」，就是將人的內在體驗分為四大類型，分別是「結合過去」「分離過去」「結合未來」「分離未來」。一來釐清當事人關注的方向，二來又能找到解決問題的提示，成功改善現狀（詳見左圖）。

關注的方向會影響個人體驗

人心浮動，經常會回想過去的體驗，或是想像未來的光景。我們在日常生活中，會去留意自己心靈的動向。換句話說，我們的**注意力主要放在「結合過去」「分離過去」「結合未來」「分離未來」這四大類上頭**。

事實上，人心關注的方向對體驗會有很大的影響。以S先生為例，他的注意力都放在未來，也就是即將到來的簡報上。而且都還沒有開始，他就已經害怕失敗了。這就是**「與未來結合的狀態」**。

這代表S先生的注意力，都放在「結合未來」上。不僅如此，他對簡報忐忑不安，在「結合過去」「分

離過去」「結合未來」「分離未來」這四大類型當中，**他對「結合未來」的體驗抱持否定的看法。**

轉移注意力，改善狀態

那麼，該怎麼化解S先生的不安呢？

如果過去有類似的成功經驗，請S先生試著回想一下，當中一定有資源（解決問題的能力或資源）可以幫助他。

再來要轉移S先生的注意力，讓他**脫離「結合未來」，不安就會漸漸消除了。**

何謂四角地圖？

四角地圖就是把人的內在體驗分成四種類型。可以輕易看出當事人的關注方向，同時尋思導引的良方。

❶結合過去
注意力放在過去，回憶過往總是有身歷其境的感覺。

❷分離過去
注意力放在過去，但站在客觀的角度看待過去。

❸分離未來
注意力放在未來，但站在客觀的角度想像未來。

❹結合未來
注意力放在未來，把還沒發生的事情當成正在發生一樣。

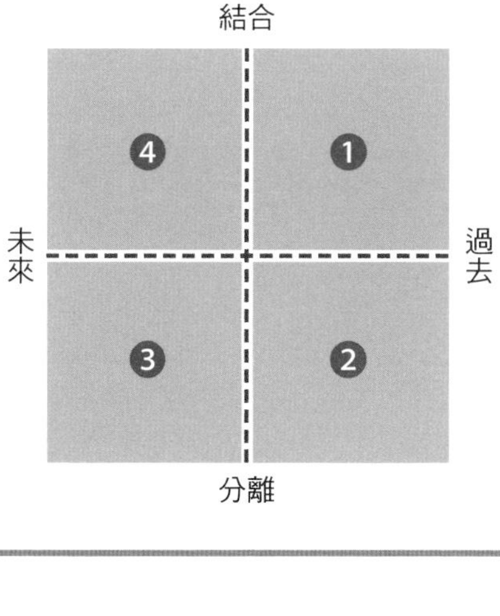

順帶一提，提問者可以提出適當的疑問，來轉移當事人的注意力（詳見左圖）。

試一試

利用四角地圖化解困境

▼▼▼回答疑問來轉移注意力

人類的注意力主要放在四個層面上，分別是「結合過去」「分離過去」「結合未來」「分離未來」。依照當下的需求，可以改變關注的方向。提問者可以提出適當的疑問，來轉移當事人的注意力，以下就來嘗試看看。

STEP 1 **確認對方關注的方向**

釐清對方現在的注意力（亦即現在遭遇的困境），都放在哪一個層面上。是處於結合的狀態？還是分離的狀態？

S 先生對簡報工作心懷憂慮（▶ P176），他擔心簡報失敗，晚上都睡不好。換言之，他的注意力和未來的不安結合了。

STEP 2 **轉移注意力**

從左圖的四大類型當中，選擇必要的項目提問。以S先生為例，按照左邊的順序提問，可以幫他從過去的成功經驗找到資源。每個人關注的方向不同，提問的起點也不一樣。

要按照當下的狀況提出適當的疑問，才能將 S 先生現在的關注方向（亦即個人的想法、感受、看待事情的觀點），轉移到其他層面上。當事人自問自答也沒關係。

這樣算成功

➡心境產生變化。

➡心中有了不一樣的想法或念頭。

四角地圖

結合

「結合未來」的提問範例

1「你簡報做得很成功了。」
2「你體驗過成功的滋味嗎？」
3「請觀想一下那種狀態，彷彿身歷其境一般，實際感受成功時的所見所聞，還有內心的感覺。」

「結合過去」的提問範例

1「請回想相似的過往，找出當時成功的經驗。不是簡報經驗也沒關係，你可以回想成功的發表會，或是在婚禮上的幽默演講。」
2「請問，你當時的感覺如何？」
3「在那個經驗中，你印象最深刻的良好感覺是什麼？」

4　1

未來　過去

3　2

「分離未來」的提問範例

1「我們從別的觀點來思考一下。」
2「過去幫助你獲得成功的資源，如果也能用在這一場簡報上，你覺得會有什麼結果？那麼，你當初學到的教訓，可以如何活用在這次簡報上？」
3「請思考一下，能否活用這些資源，幫助你的簡報成功？」
➡如果對方回答可以，注意力就轉移到其他層面了。

「分離過去」的提問範例

1「過去讓你成功的因素是什麼？有派上什麼用場？」
2「中立的第三者看到的話，會認為你成功的原因是什麼？」
3「你從那一次的經驗中，有學到什麼教訓？」

分離

5 轉換心境的方法

打破狀態和後設狀態

有時候我們討論事情太激動，會不自覺拉高音量；上司的一句無心之言，也可能會讓我們氣老半天……

一想到自己意氣用事，難免會有後悔莫及的感覺。相信大多數的人都有類似的經驗。

人一旦變得情緒化，就很難恢復冷靜。不僅如此，還會做出錯誤的判斷。如果在任何情況下都能轉換心情，避免這樣的困境，那該有多好。

以下就來介紹NLP的**打破狀態和後設狀態**。**打破狀態是指脫離某種狀態，達到中立狀態的一種技法，後設狀態則是從更高階的視野，來看待某件事物**。

在使用NLP技法的時候，必須徹底感受每一種狀況下的感情和體驗。然而，在轉移到其他狀況或體驗的時候，如果感情跟不上變化，就會影響到技法的效果。

因此，要**使用打破狀態來轉換心境**。這一個技法在前文中也出現過很多次（▼P145）。

用提問達到後設狀態

人只要聽到一些不同觀點的疑問，或是站在對方的立場來思考，就可以恢復冷靜，不再情緒化。同時，也能掌握不一樣的思維，應對方式也將更靈活。

這種**冷靜又靈活的狀態，就稱為「後設模式」**。所謂的「後設模式」，就是指更加高階的狀態，或是一種超越的狀態。

提出適當的疑問，有助於我們掌握更高階的狀態。

不過，對情緒化的自己提問是沒有效果的。必須先執行打破狀態（轉動一下手臂，輕晃身體，恢復日常狀態），再來提問。

比方說，你在議論時太激動，講到臉紅脖子粗。這時候，你要先執行打破狀態，然後反問自己，你會變得如此激動，背後有什麼正面的意圖？你看重的到底是什麼？先釐清你的價值觀，才有辦法達到更高階的視野。

NLP MEMO

打破狀態也有換框法的效果嗎？

執行打破狀態（轉動一下手臂，輕晃身體，恢復日常狀態），有時候也有換框法（▶ P94）的效果。先執行打破狀態，可以脫離當下的狀態（當下的思維或感情），達到更加中立的境界。也就是脫離原先的狀態，獲得全新的狀態。在某些情況下，這麼做也能得到換框法的效果。

先打破狀態，讓自己的狀態重置，會有不一樣的心境和感情，思考也將更加中立。情緒有了轉變以後，就有機會重拾靈活的應對方式。

當你覺得自己遭遇瓶頸，心情悶悶不樂，或是擺脫不了難過或不安的心境，請務必嘗試這個技法，脫離原先的狀態。

試一試

重置感情，改變狀態

▼▼▼執行打破狀態後，轉換成後設狀態

STEP

1

先執行打破狀態

挑一樣你喜歡的方法，執行打破狀態。

活動身體

轉動手臂

像在做暖身運動一樣，轉動手臂。

輕晃身體

搖晃整個身體。

深呼吸

緩緩深呼吸。

感情太過激昂的時候，不妨嘗試一下打破狀態和後設狀態的技法，這兩種技法都能迅速重置感情，請學起來好好活用。打破狀態有幾種類型，建議選簡單易懂的就好。

STEP 2

轉換成後設狀態

為了轉換成後設狀態，先對自己提出適當的問題，然後做出回答。答案一定要經過詳細思考，而且要實際說出來。

請依序詢問自己以下五個問題

1. 「你之所以變得情緒化，背後有什麼正面的意圖？」
2. 「你的憤怒和你的價值觀有何關聯？」
3. 「站在對方的立場，來看待對方的意見，你認為當中有哪些正面的意圖？」
4. 「如果你尊敬的對象，說出跟對方一模一樣的話，你會做何反應？」
5. 「完全無關的人聽到你們對話，可能會有什麼樣的意見？」

對自己提問
我昨天幾點睡啊？
我早餐吃了什麼？
03-ooo -oo…
LOVE STORY
ACTION MOVIE
那個人的電話號碼是幾號？
下次要跟戀人去看什麼電影呢？

這樣算成功

➡ 感情順利重置。
➡ 成功掌握其他的觀點。

6 如何提升幹勁？

GODIVA巧克力技法

明天就要交報告了，業務員K小姐非常焦急。她想要盡快彙整文件，但實際作業的時候一點幹勁也沒有。到底該如何激發幹勁，這一點令她很煩惱。

相信大家也有一樣的經驗，明明有些事非做不可，偏偏我們遲遲無法採取行動。好比該掃除的時候不肯掃除，該讀書的時候又去做其他事情等……

NLP的**GODIVA巧克力技法**，很適合用來解決這種問題。當然，這個技法的名字聽起來是有點奇怪。

用喜歡的事物來當動力

GODIVA巧克力技法的訣竅是，**先觀想必須完成的課題，以及喜歡的事物（強烈的刺激），兩者交互運用，逐步提升做事的幹勁**。換句話說，就是用轉變印象的方法，來激發自己內在的能量。因此實際用來當動力的，不是高級的巧克力也沒關係。只要是自己喜歡的東西就好（有強烈刺激性的事物），執行的程序如下。

①**先釐清自己要解決的問題，再來觀想那個問題**，然後分離狀態（擺脫當下的狀態，從旁觀者的立場觀察問題）。

②接下來，**觀想一些對自己的人生有重大意義的事物（會帶來強烈刺激的要素）**。好比最喜歡吃的東西，崇拜的明星藝人等。觀想好以後，跟這些事物結合（進入當下的狀態，感受主觀的體驗，▼P48）。

③把想要解決的問題，還有重要的事物結合在一起，結合兩者的意象。

④再來解決問題時，必須保持樂在其中的心境。但在處理之前，先確認自己的部位（引起當事人行為或感情的特定內在部位）並不反對這樣做（生態確認，▼P209）。做到這一點就算準備完成了。

⑤**觀想要解決的問題，想像那個問題和自己喜歡的事物重疊在一起。**

⑥在想要解決的問題中心，迅速打開一個小洞，讓自己可以看到喜歡的事物（也就是強烈的刺激要素）。看到喜歡的事物以後，將兩者的意象結合起來。中心的洞口要持續擴大，一直到產生強烈情感為止，也就是看到喜歡的東西時，所產生的強烈情感。

⑦看到喜歡的東西時（帶來強烈刺激的事物），

NLP MEMO

GODIVA 巧克力技法的名稱由來

GODIVA 巧克力是世界知名的巧克力品牌，連比利時王室也讚不絕口。這個特殊的名稱，是 NLP 的其中一位創始者理察・班德勒命名的（▶ P20）。

班德勒發現來尋求協助的案主，在採取某些行動的時候，都需要強烈的動機。因此，他仿效那一套機制，創造出了 GODIVA 巧克力技法。只不過刺激那位案主的要素，剛好是 GODIVA 巧克力，所以才以 GODIVA 巧克力來命名。

所產生的情感要維持住。接下來，開大的洞口要慢慢縮小。要將喜歡的東西，還有欲解決的問題結合在一起，⑥到⑦的步驟必須快速執行三到五次左右。

⑧最後確認一下，當事人對於那個問題的印象是否改觀了？如果感覺有變化，就回想那一件原本沒心力去做的事情，若有產生樂於處理的心情，就算成功了。

試一試

體驗 GODIVA 巧克力技法的效果

▼▼▼利用喜歡的事物刺激幹勁

Ⓐ……想要解決的課題、問題

Ⓑ……會帶來強烈刺激的事物

STEP 1

釐清想要解決的問題

觀想Ⓐ，分離問題。（擺脫當下的狀態，從旁觀者的立場觀察問題）。選擇一項你不得不處理，而且你也有心想處理的事情。

例 必須完成報告，偏偏又沒有心情去做。

STEP 2

觀想會帶來強烈刺激的事物

觀想Ⓑ，好比自己喜歡的事物，進行結合。

例 好比蛋糕、巧克力、收藏品、明星、音樂等。

STEP 3

結合兩者的意象

結合Ⓐ和Ⓑ的意象。

當你有一件不得不理處的事情，但又提不起勁去處理，這個技法可以改變那種欲振乏力的心情。GODIVA 巧克力技法的名稱很特別，喜歡巧克力的人光是聽到這個名稱，應該就躍躍欲試了吧！

STEP 4

進行生態確認

再來解決問題時，必須保持樂在其中的心境。但在處理之前，先確認自己的部位（引起當事人行為或感情的特定內在部位）並不反對這樣做。如果內在有反對的部位，先改變對Ⓐ的看法（換框法，▶P94），讓部位澈底贊成這個作法。

STEP 5

意象重疊

想像Ⓑ疊在Ⓐ的後方。

STEP 6

結合意象

上一個步驟達成後，趕緊在Ⓐ的意象中心打開一個小洞，要能看到後方的Ⓑ。洞口要持續擴大，直到能感受到Ⓑ的刺激為止。要和Ⓑ的強烈意象結合在一起。

STEP 7

縮小Ⓐ的洞口

開大的洞口要慢慢縮小，過程中，維持Ⓑ帶來的強烈情感。Ⓑ的意象帶來的強烈情感，要和Ⓐ的意象結合在一起，因此❻到❼的步驟必須快速執行三到五次左右。

STEP 8

確認

確認自己對Ⓐ的意象有無轉變。想像一下Ⓐ，看看自己有沒有樂於處理的心情。

例 寫報告不再鬱悶了。

這樣算成功

➡提升幹勁。
➡心情有了變化。

7 跟合不來的上司好好相處

TD搜索

A先生在公司服務四年，因為過去犯了一點錯，所以面對部長非常緊張，連話都沒法好好講。再這樣下去肯定會影響到工作，他希望找到一個好方法，可以跟上司好好相處。

像這種因故與人不和的情況，其實還蠻常見的。NLP有很多有效的解決方法，先來介紹**TD搜索**。

從過去的經驗中找出多項資源

TD搜索是活用時間軸（▼P164）**和設定心錨**（▼P82）**的技法**。也就是回溯過去的記憶，找到一些有效解決問題的資源（解決問題的能力或資源）。

這是一種很符合NLP行事風格的技法。

一般來說，TD搜索是**從過去的經驗中，找出具有三種資源的正向回憶。在各個回憶的意象當中，要強化視覺、聽覺、身體感覺的記憶，重新感受過往的狀況。**

三段記憶的美好體驗都要帶回來，這屬於一種資源狀態（充滿資源的良好狀態）。用來解決A先生的煩惱，或許能發揮非常好的效果。

具體的程序如下（▼P190）。

①**先釐清目標，訂出想要啟用的資源狀態**。A先生希望在部長面前不會緊張，可以好好發表自己的看法。可是，不會緊張算是負面的表達方式，好好發表個人看法也不夠具體。因此，要**置換成正面又具體的資源狀態**。比方說，A先

生希望保持沉著冷靜的態度，簡單扼要的報告事情。

決定好要啟用的資源狀態以後，要澈底了解那樣的狀態。同時，確認一下那種資源狀態對當事人來說，是否感到舒適。

②使用時間軸的**時間內技法**（▼P164）**回到過去**。在回溯的過程中，從過去的記憶尋找資源狀態，而且必須和現在決定好的目標相似。要找多久都沒關係，抱著一種在潛意識中旅行的心境來尋找資源。

③使用時間軸技法找到最初的資源狀態後，**強化視覺、聽覺、身體感覺的記憶，以身歷其境的感覺體驗過去的狀況。達到結合的效果後（進入當下的狀態，感受主觀的體驗），將那個狀態設定心錨**。

④接下來，再用**時間軸技法尋找下一段記憶**。找到第二段堪用的記憶後，同樣以身歷其境的感覺體驗過去的狀況。然後，將這種狀態和剛才的心錨設定在一起，這種技法又稱為**「重疊心錨」**（▼P133）。複數的心錨連動在一起，會發揮更大的效力。

⑤第三段記憶也如法炮製。

⑥**澈底底感受過那些記憶以後，回到時間軸的當下**。回程途中有找到資源狀態的話，再一次和那種狀態結合，緩緩回到當下。要順著什麼時間軸回來，全憑個人喜好。

⑦最後，確認心錨能否引燃（能否產生反應）。

試一試

用TD搜索探尋過去和未來

▼▼▼獲得多項良好的資源

當工作或人際關係遭遇瓶頸，TD搜索可以探尋過去和未來，找到有效解決的資源。對消除煩惱非常有幫助。

STEP 1

選擇想要掌握的資源狀態

1 選定當事人想要的資源狀態。
2 了解特定的資源狀態，達到結合效果。

STEP 2

和時間軸結合（同化）

使用時間軸的時間內技法回溯過去，在發揮想像力回溯的過程中，從過去的記憶尋找資源狀態，而且必須和現在決定好的資源狀態相似。要找多久都沒關係，抱著一種在潛意識中旅行的心境來尋找資源。

STEP 3

和第一項資源結合

1 強化視覺、聽覺、身體感覺的記憶，以身歷其境的感覺體驗過去的狀況。
2 達到結合的效果後，將那個狀態設定心錨。

STEP 4

找出第二項資源，與之結合

找出第二項資源，按照STEP❸的方式體驗。結合找到的資源，將這種狀態和STEP❸的心錨設定在一起（這種技法又稱為「重疊心錨」）。

STEP 5

找出第三項資源，與之結合

找出第三項資源，按照STEP❸的方式體驗。結合找到的資源，將這種狀態和STEP❸的心錨設定在一起。

STEP 6

回到現在，打破狀態

1. 澈底感受過那些記憶以後，回到時間軸的當下。回程途中有找到資源狀態的話，再一次和那種狀態結合，緩緩回到當下。要順著什麼時間軸回來，全憑個人喜好。
2. 回到現在，執行打破狀態（輕晃身體，轉動手臂，回歸日常狀態）。

STEP 7

模擬未來（▶P205）

引燃心錨，回想一開始遭遇困境的狀態。效果不顯著的話，就再試一次。或者，考慮使用其他技法。

引燃重疊心錨。

這樣算成功

- ➡引燃心錨，成功重現三種良好的資源。
- ➡遭遇困境時，心境有了轉變。

8 如何充滿自信？

卓越圈

N小姐工作勤奮，看上去非常有衝勁。只不過，她始終缺乏自信，也為此煩惱良久。如果她多一點自信，對工作也會有正面的影響，要功成名就也絕不是夢。

有些人工作很努力，也沒犯過什麼大錯，偏偏就是缺乏自信。有一種叫**「卓越圈」**的技法，很適合用來解決這一類煩惱。

所謂的「卓越圈」，就是**把資源狀態（充滿資源的良好狀態）觀想成一個圓環。然後自己置身在圓環當中，達到良好的狀態**（▼P195）。

這個技法的特色在於**善用圓環空間**。因此，可以更加鮮明的觀想資源狀態，提升體驗的效果，進而達到卓越（優秀）的狀態。像N小姐這種本身實力不俗的人，只要使用卓越圈技法，就能改善沒自信的毛病。

進入充滿資源的圓環中

卓越圈的執行程序如下。

①先**設定目標（Outcome）**。

②接下來**觀想一個圓環（卓越圈）**。

③**從過去的體驗中，尋找充滿資源的狀態**。

④充分觀想資源狀態後，**進入圓環當中（觀想自己置身其中）**，**澈底體驗資源狀態**。觀想自己進入圓環後變得充滿資源，好好體驗那種感覺。

⑤充分體驗過資源狀態後，脫離圓環，執行打破狀態（擺脫當下的狀態），回歸日常。

⑥**再一次進入卓越圈當中，確認自己是否變得充滿資源。**成功掌握資源狀態的話，就進入狀態中（沉浸在當下的狀態），充分感受資源狀態，將這種狀態設定下來（▼P82）。

⑦**脫離卓越圈，執行打破狀態。**比較一下施行前後有何變化，萬一效果不夠，重複執行步驟⑥和步驟⑦。

卓越圈隨時隨地都能運用，是一種適用範圍很廣的技法，各種場合都能使用。好比在人前演說、簡報、開會、考試、心情失落時等，用起來都有很好的效果。

另外，頻繁使用技法會更有效果，請各位務必精通，好好運用在日常生活中。

NLP MEMO 強化想像力，發揮更強大的卓越圈效力！

要成功發揮 NLP 的技法功效，關鍵在於善用表象系統（V、A、K，▶ P30），以身歷其境的方式進行結合（進入當下的狀態，感受主觀的體驗）。或者，乾脆進行分離（擺脫當下的狀態，從旁觀者的立場觀察問題），嘗試用不同的觀點來看事情。

為了達到身歷其境的感覺，必須強化個人的想像力。以卓越圈為例，不要只是單純觀想一個圓環，還要觀想圓環當中的顏色，或是周遭的氣氛和背景音樂。重點是要有真實感，最好跟日常空間一樣，充滿各式各樣的寫實細節。

本書的「試一試」中，經常問讀者有何感受、有何所見所聞，用意就是要強化想像力。在執行技法的時候，請牢記這個要點。

試一試

試著觀想卓越圈

▼▼▼隨時隨地體驗資源狀態

在你有需要的時候，卓越圈隨時隨地都能使用，是一種非常方便的技法。請記下使用的步驟和訣竅，加以應用。

STEP 1

先設定目標（Outcome）

決定一個理想的目標，目標設定要具體一點。

例 希望工作更有自信等。

STEP 2

觀想一個卓越圈

盡可能具體觀想一個明亮閃耀的圓環，圓環有顏色也無妨。觀想好以後，實際說出來。

STEP 3

回想充滿資源的體驗

回想充滿資源的體驗，在觀想時進入那個狀態中。仔細觀察想像中的所見所聞，還有當下的感受，注意力集中在那些事物上，同時澈底體會資源狀態。

在你有需要的時候，卓越圈隨時隨地都能使用，是一種非常方便的技法。請記下使用的步驟和訣竅，加以應用。

STEP 4

進入卓越圈當中

澈底體會資源狀態後，保持這種狀態進入剛才觀想的卓越圈當中。仔細關注當下的感受和所見所聞，才能澈底進入狀態中，強化想像力。

STEP 5

脫離卓越圈

先脫離卓越圈，執行打破狀態。

STEP 6

再次進入卓越圈當中

再次進入卓越圈中，確認自己是否掌握資源狀態。進入資源狀態中，仔細感受，將這種狀態設定下來。

STEP 7

測試心錨

再一次脫離卓越圈，執行打破狀態。比較施行前後的差異，反覆執行STEP❻和STEP❼，強化技法的效果，讓自己隨時都能掌握資源狀態。

這樣算成功

➡ 心境產生變化。
➡ 不安獲得緩解。
➡ 有感受到充滿資源的狀態。

9 掌握和客戶交涉的能力

贊同框架和前提

有時候我們並不認同某件事情，卻又不得不答應……相信大家都有類似的經驗。業務員S先生現在很煩惱該怎麼和客戶交涉。他常常被迫答應對方的要求，卻遲遲無法拿出應有的成果。

交涉是日常生活的一環，不僅限於工作。**一件事情能否順利處理好，完全取決於當事人的交涉能力。贊同框架和前提**這兩大技法搭配應用，可以有效處理這種問題。

交涉講究後設目標探問

所謂的「贊同框架」，顧名思義就是表達贊同的架構。換句話說，要**尋找一個雙方都能接受的框架。在交涉的時候，必須確認彼此的想法，以及各自期望什麼樣的結果。因此，要提出後設目標**（更深遠的目標，用來導引出正面的意圖，▼P42）**探問，了解對方真正的期望是什麼。**通常要一直探問才能**達成一致，立刻達成一致的情況反而是少數。**

雙方有無信賴關係，對交涉結果也有很大的影響。所以，**在提出後設目標探問之前，先用複誦**（▼P68）**技法迎合對方，建立起良好的投契關係（信賴關係）**。達成共識以後，最後再確認一次內容。若得到同意的答覆，交涉就算結束了。

前提要涵蓋贊同框架

所謂的「前提」，**不是直接傳達你要對方接受的條件，而是穿插在對話當中，當成一種已經存在的**

條件。大多數情況下，這種技法被歸類為「後設模式」（言語經過扭曲、省略、一般化之後會有缺漏，後設模式是彌補缺漏的方法，▼P102）之一。以下介紹幾個具體的例子。

比方說，你質問對方為何總是不守信用，「對方這一次也不守信用」就成了大前提。下一個例子，你告訴對方接下來要就寢，請他選擇喜歡的睡衣顏色。這代表你給對方選擇睡衣的權利，但不給他不睡覺的選項（屬於一種限制），「必須睡覺」就成了大前提。

順帶一提，這個技法之所以被歸類為後設模式，主要是對話前提涵蓋了「扭曲、省略、一般化」，違背了後設模式的規範。可是，在交涉的時候，搭配使用贊同框架和前提技法，可以將前提用在有建設性的正面目的上。

NLP MEMO 用後設目標探問導引出正面的意圖

這裡的目標有目的、結果的意思，後設則是「超越」的涵義。後設目標則是達成目標以後，能夠獲得的情感和意圖。

人類的行為和思考方式，不管在任何情況下都有正面的意圖。提出後設目標探問，有助於導引出正面的意圖。

你要詢問對方，做出這件事情對他有何好處？一般來說，大部分的正面意圖連當事人都沒有自覺，但使用後設目標探問，可以找出行為或想法的真正理由（或者說期望）。

以贊同框架為前提，鍥而不捨的交涉

交涉時要做到跟隨（▼P72）和導引（▼P162），同時以贊同框架為前提。如果交涉逐漸升溫，或有對立的情況發生，就按照下面的說法。

「我們的目的是一致的，都希望這場交涉圓滿落幕，提升彼此的商業成果。不過，我們現在似乎只顧慮到自己的利益。別忘了，我們的共同目標是達成共識，共享業界最高的市佔率。因此，我們應該做出一些讓步，認清自己到底該提出什麼樣的要求。」

用這種方式確認當初的目的，**一旦情勢緊張就搬出贊同框架來化解，並且保持鍥而不捨的態度，讓交涉成功。**

試一試

善用贊同框架和前提進行交涉

▼▼▼關鍵是建立投契關係

投契關係（信賴關係）是交涉時非常重要的元素。交涉時要用複誦和跟隨技法迎合對方，同時提出後設目標探問，找出贊同框架。找到以後一定要進行確認，這一點非常重要。

STEP 1

釐清狀況

互相確認交涉的內容。

例 業務合作、共同事業開發案等。

STEP 2

決定意圖

說出彼此的想法，運用跟隨和導引技法，找出雙方都能接受的方針。

STEP 3

打聽目標

採用複誦技法建立投契關係，打聽對方期望的目標，並告知我方的目標。

STEP 4

提出後設目標探問

一邊使用複誦技法，一邊提出後設目標探問。提問的時候，要把雙方必須達成的共識穿插在對話當中。

例 詢問對方，大家應該如何互相幫助，來達到業務合作的目標。用上推（▶P92），在達成共識之前持續進行後設目標探問。

STEP 5

找出贊同框架

找出雙方的贊同框架，互相確認內容。

例 「如果我的理解正確，我們有三大共識。①是建立雙贏的關係（對彼此都有利的狀態或關係）。②正式簽約，達成業界最高的市佔率。③讓這一次交涉成功。」

這樣算成功

➡雙方對結果都很滿意。 ➡雙方都能感受到信賴關係。

10 為何努力總是徒勞無功？

消除扭曲的信念

N先生負責新的企畫案，有心做出一番成績。不過，大家對N先生的努力沒什麼反應，因此他對上司和同事頗有怨言，他覺得自己非常努力了，為何大家都不給予正面的評價？N先生越是努力，對周遭的不滿也就越強烈。

N先生的煩惱是，**他已經非常努力了，可是沒有人讚賞他**。從客觀的角度來看，覺得自己非常努力，旁人又不肯給予讚賞，這些觀念本身就太偏激了。很多時候這**只是當事人的一廂情願，並非真正的事實**。

像這種錯誤認知和成見，NLP稱之為「信念」。成見和信念會導引我們去做某些事情，並從中找出意義。換句話說，**信念對行為會造成深遠的影響，同時限制我們的思維，嚴重干預我們的心態和行為**。

如果這種干預是正面的，那還沒什麼關係；但也可能害我們思維僵化，沒法過上自己期望的人生。N先生的情況很有可能是後者，消除扭曲的信念對他有幫助。

信念源自於環境和個人經驗

每個人的信念都不一樣，當我們相信某件事情時，**對思想和行為有正面幫助的信念，會激發我們的能力。反之，對思想和行為有負面影響的信念，則會限制我們的能力**。

有些人常說，他們在大庭廣眾前無法侃侃而談，或者覺得自己不被看好。像這種妄自菲薄的負面言

論，代表信念有負面的影響力，會限制當事人的才華、可能性、存在價值。

信念並非與生俱來，而是取決於各種要素，例如後天的環境、經驗、相處對象等。換句話說，信念會變化、進化，甚至有選擇的機會。

如果你覺得自己的信念已經造成痛苦，或者限制了你的可能性，那就該拋棄負面的信念，重新打造一個對人生有益的信念。

會限制個人思維和行為的語言

每個人在無形中都有一些成見（信念），這些成見可能會限制靈活的思維和行動。請回想一下自己平日的言行吧！

對自己說的話

- 反正沒有人看好我
- 我頭腦不好
- 我缺乏魅力
- 幸運過後一定會有霉運
- 太貪心會遭天譴
- 人生就是這樣
- 我常被利用
- 沒人愛我
- 我很不幸
- 我年紀大了／我還年輕不懂事

對別人說的話

- 人性禁不起金錢的誘惑
- 防人之心不可無
- 男人都是騙子
- 女人很可怕
- 都是父母害我……
- 外人不可信
- 現在的年輕人……

其他

- 財富是骯髒的
- 便宜的東西容易壞
- 都是公司／社會的錯

試一試

答覆疑問，消除扭曲的信念

▼▼▼改變以往的觀念，開闢更多可能性

信念會在無形中影響我們的思考和行為。提出恰當的疑問，可以幫助當事人發現問題。當事人一旦了解自己的信念，就能在必要時改善或消除。要用自問自答的方式也沒關係，以下介紹兩人互助的案例。

Ⓐ……提問的人　Ⓑ……答覆的人

STEP 1 決定信念

Ⓐ要選一個特定的信念，而且是平常就很在意的信念。想不到的話，請參考（▶P201）。

例 我是個沒用的人。

STEP 2 提問

Ⓐ要針對STEP❶的信念提出疑問（參照左方表格），Ⓑ要仔細思考再作回答。

STEP 3 互相討論

Ⓑ要說出自己在答覆疑問的過程中，產生了何種心情或想法，然後和Ⓐ討論。之後兩人互換執掌，再嘗試一次。

這樣算成功

➡Ⓑ願意改變一下自己的觀念。

➡Ⓐ和Ⓑ都注意到信念的負面影響和偏見。

探問 1

「你真的從來沒有成功過？」
（找出例外或矛盾之處）

探問 2

「順利完成學業，這不算成功嗎？」

探問 3

「你對於自己的所作所為，是不是只關注不好的層面？」

探問 4

「如果你的朋友也這樣妄自菲薄，你會對他說什麼？」

探問 5

「如果你在朋友面前妄自菲薄，你的朋友可能會對你說什麼？」

探問 6

「如果你對一個陌生人談起自己的事蹟，你覺得他會說什麼？」

探問 7

「當你覺得一帆風順的時候，還會認為自己很沒用嗎？」

探問 8

「如果你真的很沒用，你覺得你的未來會怎麼樣？」

探問 9

「當你覺得自己很沒用，其實你真正想得到的是什麼？」

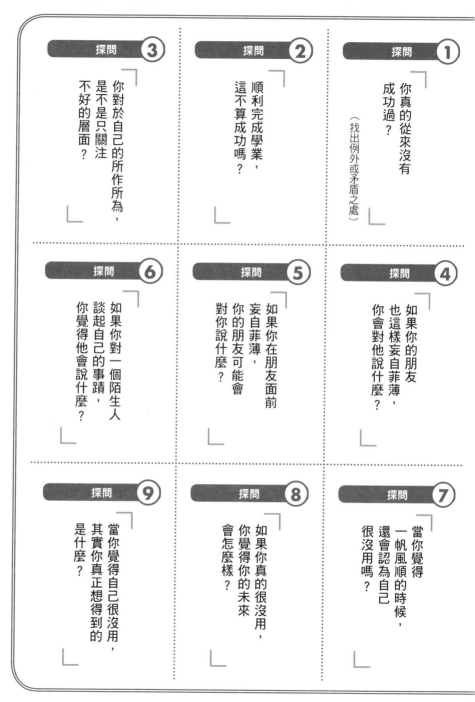

11 跨越障礙解決問題

假設框架

S先生是某個企畫團隊的負責人，他必須統整過去開會的意見，在三個月內提出完整的計畫書才行。不過，大家開會總是缺乏共識，意見也難以協調，過了好一段時間都無法擬出企畫草案。

S先生打算先製作計畫書，來扭轉這個困境。可是，他越想越心急，最近已經完全沒了主意，不曉得該如何是好。

S先生的課題是扭轉困境，趕緊完成計畫書。

NLP的**假設框架**技法，可以有效解決這個問題。所謂的「假設框架」，就是**想像自己已經解決了問題，也達成了目的。然後從想像的狀況當中，找出解決問題的點子或啟示。**

通常，使用假設框架必須要有半年的期限來達成目標。像S先生這種只剩三個月期限的案例，其實也能使用這一套方法。

想像目標達成的場景

那麼，具體來說到底該怎麼做呢？這個技法最大的特色在於，**觀想未來的某個時間點，你的問題已經解決了。**

因此，要先決定一件想要達成，或是期望達成，偏偏又遲遲無法去做的事情，然後**觀想自己已經達成了**，好像真的實現了一樣。

實際使用假設框架的程序如下。

①先決定一個想要跨越的問題，設定好目標。基本上，必須是三個月到六個月能達成的目標。

②決定好目標後，想像自己已經跨越困境，並且順利達成目標。能否發揮身歷其境般的想像力，是決定成敗的關鍵。

③想像出來以後，回溯自己達成目標的過程和途徑。找出一直沒想到的點子，或是對成功有幫助的啟示。找到了就要寫下來，這一點非常重要。事後遇到問題時，就能參考那一份筆記尋思解決之道。具體方法請參考「試一試」（▼P206）。

④按照自己的步調，慢慢回歸現實。

⑤最後，確認自己面對當下的困境時，心情有沒有什麼變化。如果有變化，那就算成功了。

假設框架很適合用來突破瓶頸，讓當事人有更靈活的思維。

NLP MEMO

利用模擬未來掌握成功的意象

提前體驗某一件事物，這在 NLP 稱之為「模擬未來」。在許多技法的最終階段，都會採用這一套觀念。

當我們運用技法掌握資源狀態，模擬未來可以用來確認資源是否有效。這就好比運動員常用的心智預演技巧（在正式比賽前的想像訓練），會帶給腦部成功的意象，提升成功機率。當然，對個人成長和商業行為也有幫助。

試一試

利用假設框架獲取資訊

▼▼▼發揮想像力解決問題

在腦海中想像一下你嚮往的狀況，思考該如何達到那樣的目標，從中獲取有益的資訊。或許你會開拓全新的視野，找到解決問題的關鍵。

STEP

1 設定目標

釐清你想跨越的困境，在設定目標時，最好設定三到六個月內要達成的目標。

STEP

2 進入狀態，想像達成目標的狀況

1. 決定好目標以後，對自己的內心說出米爾頓模式的語言（▶P110）。
2. 想像自己在三到六個月以後，成功達成目標，或者順利解決問題。觀想時要有身歷其境的感覺。
3. 進入狀態（沉浸在當下的狀態）。
4. 仔細觀察你嚮往的狀況，看看那是什麼樣的景致？你身旁有哪些人？你聽到什麼？

STEP
3 保持在那個狀態中，回首過去

1 保持在那個狀態中，觀察你是如何達成嚮往的狀態（例如解決問題，達成目標等）。要回顧那一整段歷程。
2 請站在那樣的觀點，觀察下列幾大重點。

觀察內容

首先要有身歷其境的真實感，仔細觀察想像中的所見所聞，把感受到的一切記下來。

- 你採取什麼樣的行動？
- 周遭發生了哪些變化？
- 你沒做的事情是什麼？
- 你得到哪些幫助？

STEP
4 慢慢回歸現實

澈底沉浸在STEP❸的狀態，之後按照自己的步調，慢慢回歸現實，確認有哪些派得上用場的點子或啟示。

STEP
5 模擬未來

確認一下，自己看待問題的心境有沒有轉變（▶P205）。

這樣算成功

➡ 找到達成目標所需的行徑、思維、助力。
➡ 開拓全新的視野。

12 個人彈性

如何對付上司的過度批判？

Y先生被調到公關部門任職，現在他跟新的上司有一些人際上的問題。現在的上司對Y先生處理工作的方式，經常表達嚴厲的批評。

以往的上司都很讚賞Y先生的做事方法，但這一次遇到不同類型的上司，Y先生每天都無所適從。有時候Y先生也會反駁上司，但依舊無法排解情緒，終日抑鬱寡歡。

同事告訴他，那個上司對誰都是雞蛋裡挑骨頭，不必放在心上。可是，對Y先生來說，工作講究的是一份成就感，因此同事的建議對他幫助不大。

「應付批判法」在這種情況下很有效，這個技法又稱為**「個人彈性」**。也就是**在遭受批判的時候，先接受批判，看看當中有沒有對自己有益的東西**。

接納對方的批判

這個技法的關鍵在於，要**先接納對方的批判，檢討自己的行為**。

接著思考對方的批判，對自己有沒有正面的幫助。或者尋思自己有沒有該改進的地方。總之，要進行多方檢討（或驗證）。

當然，善意的行為受到嚴厲的批判，只要是人都會感到生氣或失落，要誠心接受批判不是件容易的事情。

不過，如果可以換個想法，**用正面的角度來看待批判，從批判中獲得啟發**，那又會是怎樣的狀況呢？有些批判雖然很嚴厲，但對我們自己是有幫助的。

配合當下的狀況改變自己的想法，採取靈活的應對措施，就是個人彈性和應付批判法的技法精要。

這是一種非常有效的技法，但當事人要維持自信，才能發揮技法的功效。因此在使用技法的時候，要先從過去的體驗中，**找到適當的資源（解決問題的能力和資源）和狀態（充滿自信解決問題的狀態）。**

NLP MEMO

使用生態確認，確認達成目標的優缺點

使用 NLP 的技法順利達成目標，我們的思考、感情、行為也會產生某些變化。有些是正面的變化，但也有相反的情況。

比方說，某家公司的社長勤奮工作，成就斐然。這確實是一件值得高興的事情，但他工作太賣力，反而疏忽了家庭，最後妻離子散，這樣他的成功還值得高興嗎？

為了避免類似的狀況發生，NLP 會事先決定好目標，在使用技法掌握新的狀態前，必須先思考達成目標的優缺點，這一點非常重要。這又稱為「生態確認」，在日常生活中做決定的時候也派得上用場，請務必活用。

試一試

體驗一下應對批判的方法

▼▼▼掌握靈活的應對措施

學會「應付批判法」，即可冷靜面對各種狀況，待人處事也會更加靈活有度。

課題

被上司嚴厲批判時，希望冷靜以對

準備

1 從自己過去的體驗中，找到合適的資源狀態，維持自己的信心。
2 事先確認達成目標的優缺點（生態確認，▶P209）。

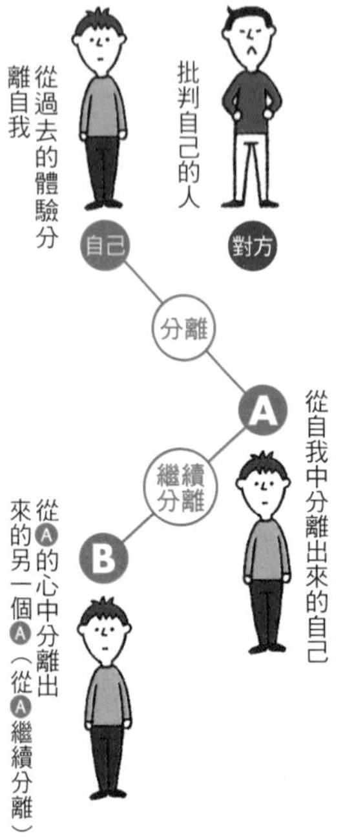

批判自己的人
對方
從過去的體驗分離自我
自己
分離
A
從自我中分離出來的自己
繼續分離
B
從A的心中分離出來的另一個A（從A繼續分離）

STEP

1 俯瞰分離的自己

想像面前有另一個自己A。在分離狀態下（旁觀者的觀察角度），就算遭受對方的批判，也可以保持客觀的態度，不會感到痛苦。在分離的過程中接納對方的批判，思考當中有沒有對自己有用的建言。請嘗試這種想像中的體驗。

自己
A
從自我中分離出來的自己

STEP
2 觀想一扇玻璃門

想像一下，Ⓐ和對方之間有一扇透明的玻璃門。

STEP
3 觀察分離的自己，有哪些心境上的變化

觀想Ⓐ隔著玻璃門受到對方批判的樣子，仔細觀察當下的狀況。想像一下Ⓐ的內心有何感想或想法，同樣仔細觀察，也就是要窺視Ⓐ的內心。在觀想Ⓐ的心境時，要想像自己在看電視畫面。

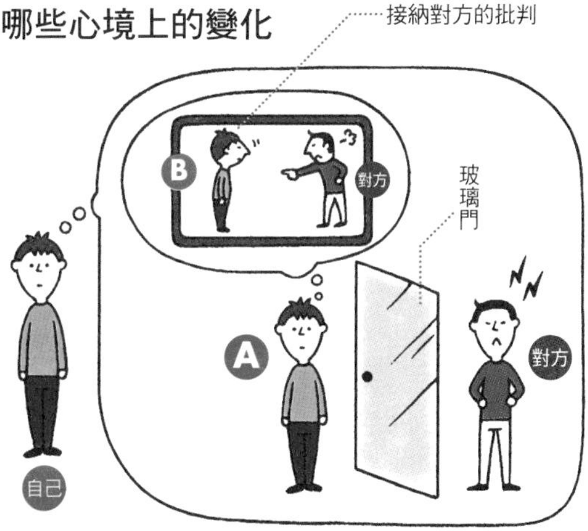

STEP
4 從批判中尋找正面、 有建設性的意義

Ⓐ的內心映照出對方的批判，試圖從批判中找尋正面、有建設性的意義。另外，在觀想Ⓐ的心境時，要按照下列的兩個步驟，想像出電視畫面。

1. Ⓑ接納對方的批判，並且說出下面這句話「感謝您提供的寶貴意見。」
2. 接下來，Ⓑ要思考對方批判的意義，並且說出下面這句話「如果我的工作或行為有什麼問題，還請不吝指教。」

STEP
5 統整自己的想法

1 Ⓐ在STEP❹想出對方的批判有何正面的意義，之後要驗證這些意義是否真有幫助。

2 統整好想法以後，觀想如下圖❷的另一個電視畫面。同時，比較兩個電視畫面，進行各種檢討和驗證。

圖❶是接受批判的畫面（STEP❹）
圖❷則是從批判中歸納出有用的訊息

STEP
6 決定自己的態度

Ⓐ經歷過前面的步驟以後，要隔著玻璃門，把自己得出的結論告訴對方。

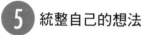

STEP

7 思考今後的作法

Ⓐ要根據對方的批判，還有 STEP ❺ 得出的結論，來思考自己今後的作為。有必要的話就進行修正。

STEP

8 進行生態確認

如果Ⓐ打算改正過去的行徑，那就用生態確認檢驗新的作為。

STEP

9 和Ⓐ進行結合

如果Ⓐ做出的選擇或決策有益，那就要和Ⓐ結合起來。結合成功後，拿掉玻璃門。

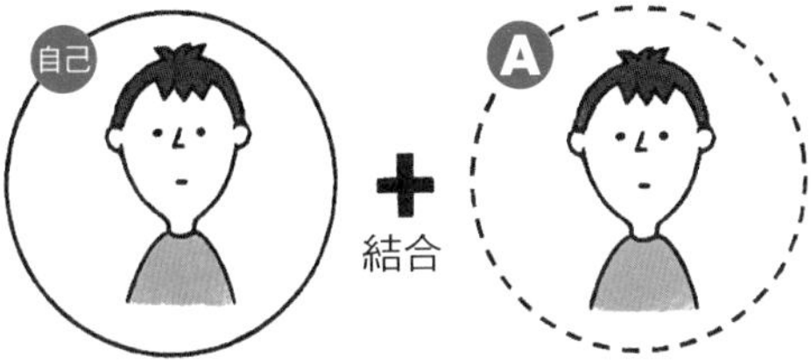

↓

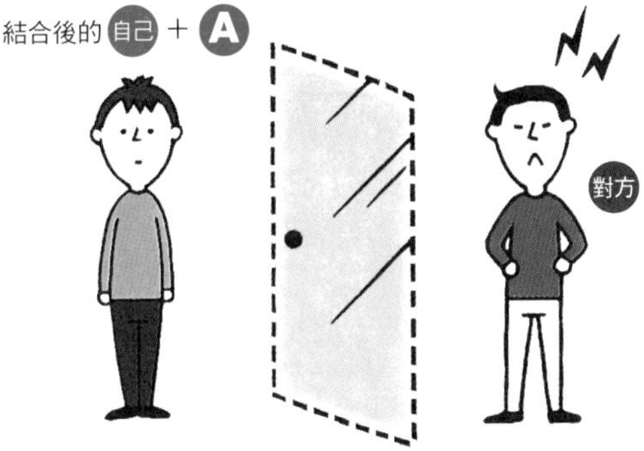

拿掉玻璃門

STEP

10 打破狀態

執行打破狀態（脫離當下的狀態），回歸日常。

這樣算成功

➡ 思維變得更加靈活有彈性。
➡ 心境產生變化，也更有自信了。

13 仔細思考解決難題的辦法

S・C・O・R・E模式

S先生是企畫團隊的領導者，團隊的開會方式帶給他不小的困擾。企畫團隊的成員都有很棒的專業知識和實力，但開會的情況非常兩極，要不是完全沒意見，不然就是爭執對立。因此，他希望會議更有建設性。

前幾天，年長的A成員和年輕的B成員在會議上吵架，而且拒絕交流。團隊的氣氛變得很惡劣，工作進度也延宕了，S先生真的傷透了腦筋。

像這種工作不順，人際關係惡化的狀況，通常都有很多問題牽扯在一起。遇到這種狀況應該先思考一下，有哪些解決的方法。**S・C・O・R・E模式**是相當有效的技法，**可以幫我們擬定有效的解決策略，也很適合整理紊亂的情緒。**

關鍵是解決問題的程序

NLP的共同開發者羅伯特・迪爾茲，開發了S・C・O・R・E模式的技法。S・C・O・R・E這幾個單字，是由幾個要素的字首組成的。**要擬定有效的策略，這些都是不可或缺的思考要素。**

- **Symptoms（徵兆、現狀）**：泛指造成問題的困境，或是不悅的情緒、思維等。
- **Causes（原因）**：泛指引起某些負面情緒、行為、思考模式的觀念。
- **Outcomes（目標）**：想要達成的目標。
- **Resources（資源）**：有益的思維、信念、感情、

價值觀，能夠彌平現實和理想的落差。

● **Effects（結果、影響）**：達成目標後的結果。

按照前述的幾大要素，**思考自己碰到的問題，可以獲得解決問題的新訊息或資源（解決問題的能力和資源），發現更多不一樣的選擇。如此一來，思維會變得更有彈性，也更容易想出有效的策略。**

換句話說，使用這一套技法，就能做出正確的判斷解決問題，對於當下的狀況和人際關係，都有良性的變化。

何謂舞動S・C・O・R・E？

羅伯特・迪爾茲融合S・C・O・R・E模式和時間軸（▶P164），創出了舞動S・C・O・R・E的技法，實行程序如下。

❶ 想像地上有一條連接過去和未來的時間軸，然後在空間上設定心錨（▶P82）S・C・O・R・E模式的要素（徵兆、原因、目標、資源、結果）。
❷ 同時想像另一條平行的後設時間軸（比普通的時間軸更高一階，能站在客觀的角度來看待事情），然後在空間上設定各要素心錨的後設立場（分離狀態的宏觀視野）。處在後設立場可以掌握各種資源，獲得不一樣的感情和觀點。
❸ 在兩條時間軸上，像跳舞似的來回移動於各大要素。

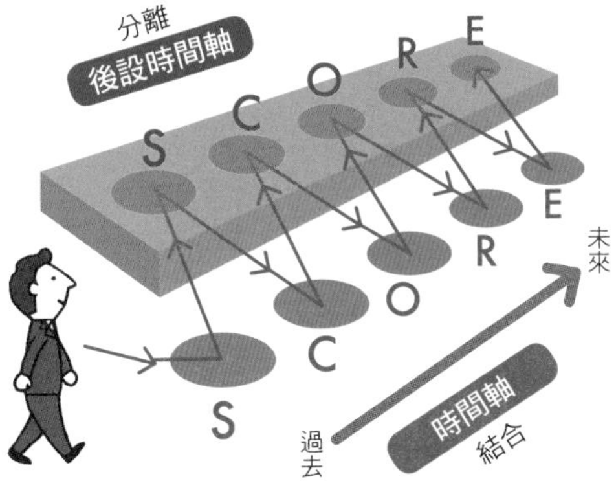

像在跳舞一樣來回移動，反覆往來於分離和結合（進入當下的狀態，感受主觀體驗）的狀態。這麼做更容易獲得領悟，對解決問題很有幫助。

試一試

利用S・C・O・R・E模式擬定策略

▼▼▼仔細思考有效的解決方法

問題的規模越大、越複雜，越需要有效的解決策略。我們就以 P214 先生的例子，來擬定解決的策略吧！這一套方法可以站在各種不同的角度，改變思考的方向。

準備

- 在自己周圍的地面上，畫出❶到❺的圓圈（如下圖所示）。這個技法是要按照順序，在各圓圈移動。
- 五個圓圈依序寫下各個要素，分別是❶徵兆、❷原因、❸目標、❹資源、❺結果。
- 釐清想要解決的問題（或課題）。

例 想要擬定出一個有效的策略，好好改善人際關係，讓團隊齊心協力完成工作。

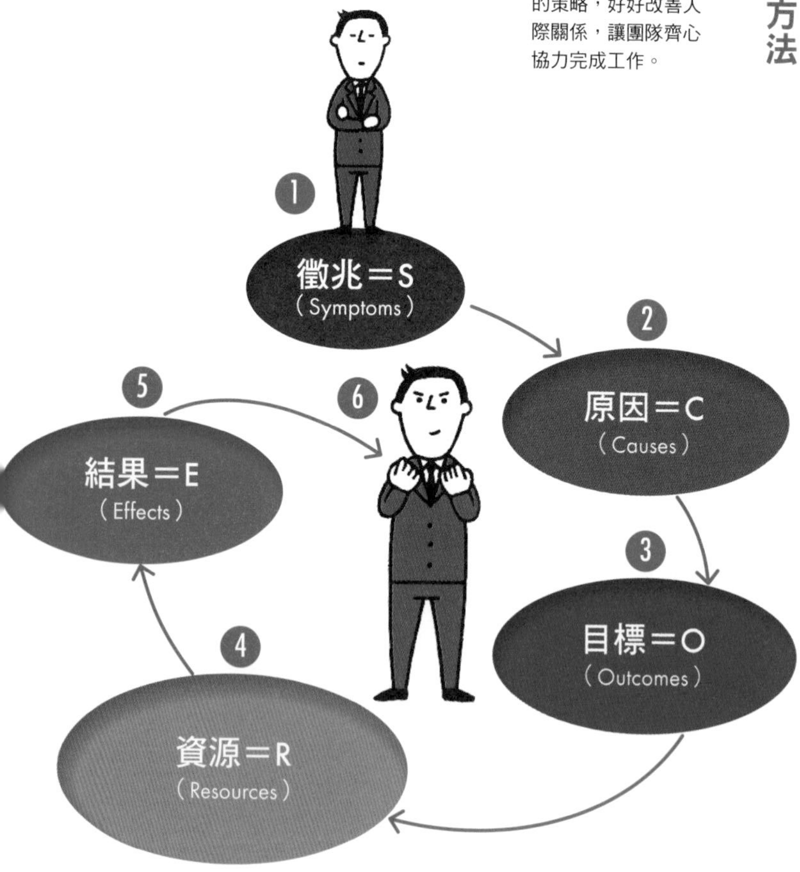
1
徵兆＝S
（Symptoms）
2
原因＝C
（Causes）
3
目標＝O
（Outcomes）
4
資源＝R
（Resources）
5
結果＝E
（Effects）
6

STEP 1

站在「徵兆」的位置

對於想要解決的問題，提出自我詰問

比方說，你在意什麼樣的徵兆？有哪些問題浮上檯面？長期來看，可能會出現哪些徵兆和問題？請好好思考一下。

例 年長的 A 和年輕的 B 互相對立，今後可能持續惡化。如果旁人不仲裁調停，自己也難以應付。

STEP 2

移動到「原因」的位置

思考問題的原因何在

思考問題發生的原因是什麼？背後隱含什麼樣的意義？

例 團隊中對立的二人，因為年紀差距太大，工作態度和思維也相距甚遠。而自己身為領導者，也沒有盡到調節關係的責任。

STEP 3

移動到「目標」的位置

思考達成目標的相關事項

思考你個人的期望或目標，以及該如何朝目標邁進。

例 培養出互相尊重的關係，不計較年齡或個人執掌。要做有建設性的議論，不能感情用事。

STEP 4

移動到「資源」的位置

思考有沒有堪用的資源

思考自己需要哪些資源來達成目標。

例 以領導者的身分，和兩名對立的成員各別談話。說出對他們的期許，還有對他們的看法。思考如何保住年長者 A 的顏面。

STEP 5

移動到「結果」的位置

思考未來會有何種結果

思考目標達成後的影響，以及可能發生的狀況。

例 對立的兩名成員，都發現對方其實也是為團隊著想，終於前嫌盡釋，慢慢攜手合作。

STEP 6

以前面的領悟為基礎，思考解決策略

離開「結果」的圓圈，以前面的領悟為基礎，思考解決策略。

例
- 是否有掌握要達成的目標？
- 有沒有充分的資源可用？
- 還需要哪些資訊？

這樣算成功

➡ 掌握了不一樣的觀點。
➡ 想出具體的解決方法。

改善行為模式，達到理想狀態

檢討策略

Strategy 有「戰術、策略」的意思，在談生意或運動比賽等場面上，也都會用到策略。而在 NLP 的觀念中，策略是指擬定達成目標的方案，在腦海中輸入有效的行為模式。使用這一套方法，可以改善自己的行為模式，達到理想的狀態。

比方說，有人每天早上都睡過頭，沒法準時到公司上班。使用策略改變這種行為模式，或許就能早點起床，提早到公司上班了。

改善不好的行為

首先，要從 V（視覺）、A（聽覺）、K（身體感覺）這三個角度，來分析個人的行為模式（▶ P30）。再來，區分那是自己內在的要素（Internal），還是外在的要素（External）。

例如，用下列的方式分析早上賴床遲到的行為模式。下列的紀錄，Ae 的 A 是指聽覺的意思，e 是指外在的意思。代表這是聽覺的外在因素引起的。

早上鬧鐘響了（Ae）➡觀看鬧鐘（Ve）➡知道自己必須起床（在心中叫自己快點起床）（Ai）➡可是棉被很舒服（Ki）➡再看一次鬧鐘（Ve）➡糟糕，快沒時間了（內心乾著急）（Ai）➡急忙起床（Ke）➡趕緊出門（Ke）➡上班遲到（Ke）

這一連串過程其實也是行事策略，但這種行為模式，會導致遲到這個不好的結果。因此要改變策略，來達到理想的狀態。也就是把負面的行為或感情，置換成正面的要素。

比方說，把「棉被很舒服（Ki）」改變成「打開窗戶神清氣爽（Ke）」。將有問題的要素置換掉，透過想像力進行演練。演練後感覺不錯的話（Ki），未來就會做出理想的行為了。

重新檢討行事策略，可以改變自身的行為模式，說不定還能發現全新的自我。

PART
5

活用NLP的技法③

擺脫煩惱和壓力

1 擺脫閉塞感的方法

傑克概括模式

F小姐從事護理工作五年了，平時工作勤快懇切，深受醫生和病患的信賴。F小姐也覺得工作十分充實。不過，近來她總是莫名感到焦躁和火大。當然，她也明白這種狀態對工作大有影響，但情緒實在無法克制，也不曉得該如何是好。

有時候，我們會受到各種感情影響，對情緒化的自己感到厭煩。**傑克概括模式用來擺脫這種閉塞感相當有效。**

當我們遭遇瓶頸或困難的時候，找到適當的資源（解決問題的能力或資源）改善問題，是最恰當的作法。

換句話說，要先分離自我（擺脫當下的狀態，從旁觀者的角度看事情），站在旁觀者的角度，思考分離後的自我需要哪些新資源，這就是所謂的「傑克概括模式」。

這是傑克．伊格爾創立的技法，他是NLP團體「聖塔菲NLP發展心理學協會」的會長。這一套方法融合了幾個基本的NLP技法，對開闢新的資源和行為很有幫助。

讓分離的自我尋找資源

執行的程序如下。**首先要釐清問題，這是最基本的準備工作。**以下就用實際的例子，說明如何改善困境。

① 想像面前有另一個自我（分離），並且設定心錨分離的狀態（▼P82）。

②先打破狀態（擺脫當下的狀態，亦即①的狀態）。
③引燃①的心錨（引起反應），確認是否可以達到分離狀態（①的狀態）。
④再一次打破狀態，回歸日常。
⑤想起（觀想）那個造成痛苦的困境（好比失落、沒精神的狀態）。
⑥引燃心錨，分離那個正在觀想困境的自己。
⑦從過去的資源當中，選取解決問題所需的資源。利用想像力或特殊的模範（參考那些擁有理想資源的人事物）也無妨。
⑧對分離的自我，使用剛才找到的資源。仔細觀察使用資源以後，處於分離狀態的自己有什麼變化。
⑨如果新的資源帶來理想的狀態，再來要執行生態確認（▼P209），看看新的變化對生活是否造成不便。
⑩將理想狀態和自己結合在一起。
⑪執行生態確認，看看新的結合對生活是否造成不便。
⑫回想原先的困境，看看新的資源是否堪用。
⑬執行模擬未來（▼P205），確認一下未來碰到同樣的狀況，理想的變化是否派得上用場。

執行傑克概括模式有兩個重點：一是分離當下的狀態，找到解決問題的資源；二是和充滿資源的理想狀態結合。

試一試

嘗試傑克概括模式

▼▼▼增加手頭資源，擺脫閉塞感

分離閉塞的狀態，可以客觀審視自己的狀況，了解無形中被封閉的情感，想法也會更加積極樂觀。

準備 釐清問題

例 消除或改善閉塞的困境

STEP 1

分離自我

分離自我（擺脫當下的狀態，站在旁觀者的角度看事情），設定心錨分離的狀態。

STEP 2

打破狀態

擺脫分離的狀態，回歸日常。

STEP 3

測試心錨

引燃STEP❶的心錨，確認能否達到分離狀態（心錨是否管用）。萬一不管用，回到STEP❶再試一次。

STEP 4

打破狀態

再一次打破分離的狀態，回歸日常。

STEP 5

想像自己遭遇的困境

想起那個麻煩的困境。

STEP 6

引燃心錨，達到分離狀態

引燃心錨，達到分離狀態（STEP❶的狀態），分離那個正在觀想困境的自我。

STEP 7

選取資源

從過去使用的資源中（解決問題的能力或資源），選擇需要的資源。因為已經分離困境，所以能客觀審視問題，找到堪用的資源。

STEP 8

運用資源

對分離的自我，使用STEP❼找到的資源。確認自己有什麼樣的變化，通常都是一些生理上的變化（例如表情或呼吸的變化）。

STEP 9

執行生態確認

確認一下新的資源，是否對生活或旁人造成不便。如果沒問題，再一次執行STEP❼。

STEP 10

和分離的自我結合

分離的自我有了新的資源後，若能有效解決困境，那就和分離的自我結合。

STEP 11

再一次執行生態確認

確認一下結合以後，是否對生活或旁人造成不便。如果有問題，再一次執行STEP❼，進行適當的調整。

STEP 12

確認新的狀態

回想原先的困境，和STEP❶進行比較。確認一下，自己面對困境的心情有無變化。

STEP 13

模擬未來

問自己下面幾個問題，確認一下未來遇到同樣的狀況，新的變化（亦即擁有新的資源）能否派得上用場。

你認為何時
還會遇到同樣的
困境？
擁有新的資源，
對你造成什麼樣的變化？

這樣算成功

➡原本的困境已有改善，或是已經解決了。
➡觀念變得更加積極正向。

2 快速的恐懼症治療法

消除恐懼症

每個人都有一兩樣反感的東西，例如，有人害怕密閉空間，不敢坐電梯或電車。也有人很討厭狗，連可愛的小狗都不敢碰。有時候反感太過強烈，一想到那些東西就感到恐懼。這對當事人來說，是很嚴重的問題。

NLP的**消除恐懼症（Phobia Cure）**可以有效解決這個問題。**所謂的「恐懼症」，就是某種特定的事物，對當事人造成生理或心理反應。**每個人都有不一樣的反應，通常是過去的體驗，導致當事人產生恐懼的反應。因此，只要碰到類似狀況，就會產生恐懼症狀。

NLP的觀念認為，**即便是當事人不樂見的恐懼反應，背後也有正面的意義**（▼P42），**而且長久以來都在保護當事人**。然而，恐懼帶來的壓力太大，對當事人來說也非常痛苦，最好還是盡快消除恐懼反應比較好。

用分離的方式進行治療

消除恐懼症需要**兩人一組**來進行。其中一人按照程序進行誘導，請參照「試一試」（▼P226）的內容。

這個技法最大的重點是，創造一個新的神經網絡，**取代腦內舊有的程式，也就是把引發恐懼的體驗，置換成另一個「安全的體驗」**。

換句話說，要將恐懼的體驗從過往的體驗中分離出來，結合一個全新的「安全體驗」（進入那個狀態，感受主觀的體驗）。

具體方法如下，**先觀想自己在電影院裡，對自我進行三次分離（擺脫當下的狀態，從旁觀者的立場觀察問題）**。

一者是在觀眾席看電影的自己，另一者是在大銀幕中體驗恐怖回憶的自己，最後是遠離觀眾席，待在安全區域的自己。

接下來，想像大銀幕上放映恐怖的體驗，影片快速倒轉，再加上第三個自己待在安全的地方，大幅減輕了恐懼感。

這個技法可以迅速消除恐懼症，可是對有恐懼症的人來說，某些事物帶來的恐懼是外人難以想像的。因此，誘導者在使用這一套技法時，必須事先做好充足的練習，以免增加當事人的恐懼感，而練習需要專家來指導。

NLP MEMO

連心理治療專家都詫異不已的快速療法

一九七七年，NLP 的開創者約翰・葛瑞德和理察・班德勒（▶P20），公開演示十分鐘消除恐懼症的技法，讓所有心理治療專家震驚不已。

兩位 NLP 的開創者對各式各樣的人進行治療。有些人無法搭乘電梯或飛機，也有人害怕蛇類和蜘蛛；還有人不敢在群眾面前演說，或是以前經歷過交通意外，內心留下創傷。結果這些人的恐懼症，真的在十分鐘內化解了。

其實只要了解 NLP 的技法基礎（用語言在腦中安排一套理想的程式），就能明白十分鐘消除恐懼症的效果。善用這一套方法可以解決許多的困擾，例如增加演說時的自信，和討厭的對象順利溝通等。

試一試

體驗消除恐懼症的神效

▼▼▼關鍵在三層分離

使用消除恐懼症必須力求謹慎，請充分練習再執行。

Ⓒ……案主（自己）

Ⓓ……誘導者（夥伴）

※要找熟習技法的人，或是NLP的認證指導員。

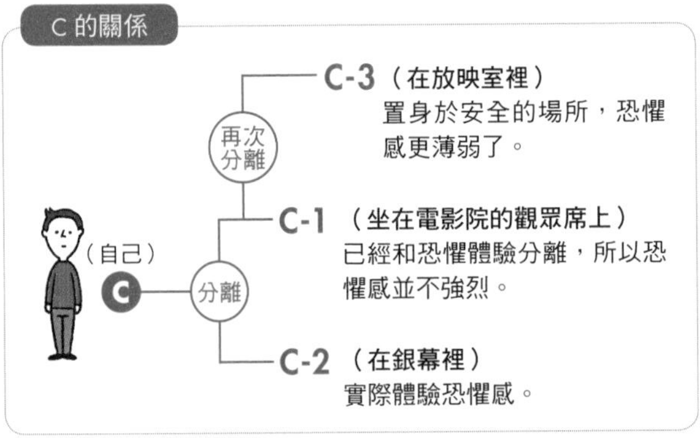
C的關係
C-3（在放映室裡）
置身於安全的場所，恐懼感更薄弱了。
再次分離
C-1（坐在電影院的觀眾席上）
已經和恐懼體驗分離，所以恐懼感並不強烈。
（自己）
C
分離
C-2（在銀幕裡）
實際體驗恐懼感。

STEP 1

釐清自己要消除何種恐懼感

Ⓒ必須告訴Ⓓ，造成恐懼症的經歷是什麼。同時說出自己有何感受，Ⓒ和Ⓓ要一起確認恐懼的程度。

STEP 2

觀想自己坐在電影院的觀眾席（C-1）

觀想自己坐在觀眾席的中央（C-1），銀幕上還有一個黑白的自己（C-2）。

C
C-1
C-2

STEP
3 確立三層分離

1. 為了持續降低恐懼感，從C-1繼續分離出C-3，前往觀眾席後方的放映室，觀想自己進入其中的模樣，想像放映室裡面非常安全。
2. Ⓓ要詢問C-3放映室裡的樣子，以及是否有看到觀眾席C-1和黑白銀幕裡（C-2）的自己。
3. 做到以上幾點，就達到三層分離的狀態了。
4. C-3試著接觸放映室裡的東西（椅子或桌子都沒關係），讓自己的恐懼感更加薄弱，同時設定心錨。

C-3
C-1
C-2

STEP
4 在銀幕上播放恐怖體驗的影像

1. C-3在銀幕上播放出恐怖的體驗（黑白影像）。從恐怖體驗還沒發生的時候（也就是安全的狀態）開始播放，然後播到恐怖體驗過後，自己處於安全狀態的場景，畫面要停在安全狀態的場景。
2. 如果C-3感到害怕，Ⓓ要告訴對方「你在安全的播放室裡，把影像調模糊一點，或者只放出一半就沒問題了。」
3. 如果C-3還是感到害怕，停止播放影像，執行打破狀態。尋求案主的同意，結束技法療程。

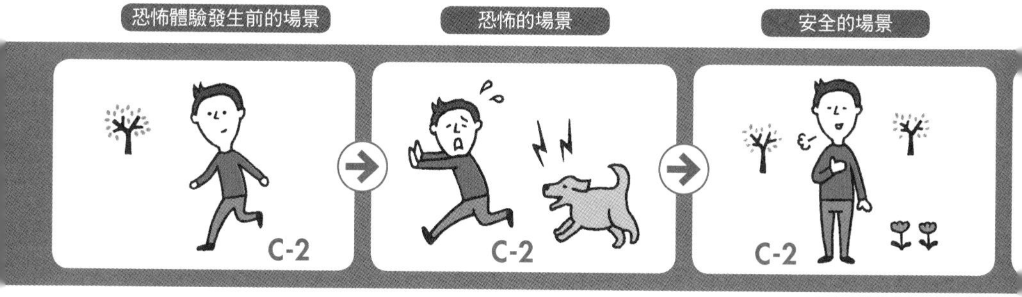
恐怖體驗發生前的場景
恐怖的場景
安全的場景
C-2
C-2
C-2

恐怖體驗尚未發生前的安全場景，接下來開始播放影像。

體驗恐懼感。

恐怖的場景過後，再次來到安全的場景，影像暫停在這個階段。

STEP
5 C-3 離開放映室，站到銀幕前面

黑白影像播完後，C-3解除心錨離開放映室，站到銀幕前面。確認銀幕的畫面停留在安全的場景（恐怖影像播完的最後場景）。

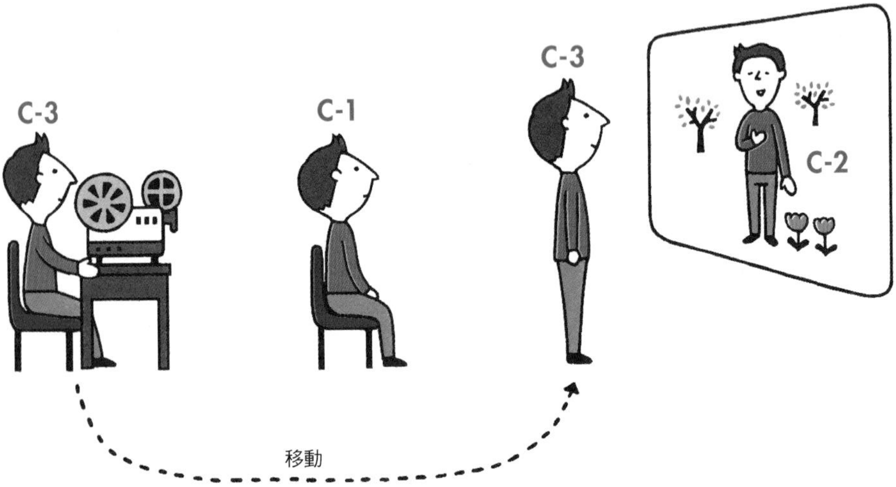

STEP
6 C-3 進入靜止的畫面中，和 C-2 融為一體

1. C-3進入靜止的畫面中，和待在安全場景（銀幕上的靜止畫面）的C-2（恐懼體驗結束後，這個自我也鬆了一口氣）融為一體。
2. 銀幕的影像由黑白轉為彩色，轉為彩色畫面以後，原本聽不到的聲音現在聽得到了。

STEP

7 銀幕影像回放

1. 從STEP❻的安全場景（最後一個場景），快速回放到一開始的安全場景，要一兩秒內迅速回放完成，最好能聽到快速回放的聲音，好比「咻」或「啾嚕嚕」等。
2. 回放完以後，Ⓓ要詢問C-1，現在銀幕上出現什麼樣的場景。回放順利的話，照理說銀幕會出現恐怖體驗（過往的經歷）發生前的安全場景。
3. 之後多做幾次同樣的回放程序。
4. Ⓓ要確認Ⓒ是否有生理變化（例如表情或呼吸的變化），若有良性的變化，則回放程序就算結束了。

STEP

8 觀察技法的成果

1. Ⓓ要詢問Ⓒ對恐懼狀態有何想法，觀察Ⓒ的反應和以前有沒有差別。如果生理上穩定平和，就代表恐懼感已經減輕，或是被化解了。
2. Ⓓ對Ⓒ提問，可以幫助Ⓒ打破狀態，回歸現實。

STEP

9 模擬未來

（▶P205）

Ⓒ要觀想一下，未來如果碰到類似的恐怖體驗，自己會有什麼樣的反應。

這樣算成功

➡化解了恐懼感。
➡遇到恐怖的體驗或事物，觀念和感覺有了不一樣的變化。

3 消除憂鬱狀態

對應轉化

有時候明明身體沒有怎麼樣，但情緒始終處在憂鬱狀態，而且又不曉得憂鬱的原因，心情也就更鬱悶了。相信大家都想解決這樣的困境對吧？

NLP有幾個技法，可以將負面的情緒轉化為正面的狀態。以下就介紹對應轉化，這是應用**次感元**（又叫從屬要素，▼P46）的一套技法。

所謂的「次感元」，就是將**表象系統**（▼P30）細分的產物。比方說，視覺系統的次感元、有意象的顏色、亮度、形狀大小等；聽覺系統的次感元有聲音的強弱、節奏、速度等；身體感覺系統的次感元有溫度、濕度、感觸等。

對應轉化則是改變視覺、聽覺、身體感覺系統中的某些次感元，或是改變全部的次感元，來轉化個人的情緒。

利用觀想改變次感元

對應轉化的關鍵在於，要釐清是什麼次感元造成不好的狀態，然後換成對解決問題有幫助的次感元。

首先，仔細觀察自己的內心，看看憂鬱狀態是如何產生的。從中詳查視覺、聽覺、身體感覺系統中最主要的次感元，並且記錄下來。

接下來，從過去的回憶當中，回想愉快開心的體驗。同樣要詳查視覺、聽覺、身體感覺系統中最主要的次感元，並且記錄下來。

另外，進行生態確認，確認使用對應轉化技法，

對旁人是否會造成不便（確認技法成功後，是否會對旁人造成困擾）。以上都有做到，就算完成準備工作了。

①將憂鬱狀態和快樂狀態的意象左右並排。

②找出快樂回憶（快樂意象）的次感元，置入憂鬱狀態當中。比方說，憂鬱狀態的意象較為陰暗，快樂回憶的意象璀璨明亮。要把前者的陰暗意象，慢慢轉變為後者的明亮意象。如果有辦法觀想音樂，不妨觀想一些氣氛愉快的樂曲。

③比較變化前和變化後的意象，慢慢花時間將憂

改變次感元的方法

改變細微的意象要素，好比亮度、大小、聲音強弱、感觸等，將不好的體驗轉變為良好的狀態，這就是「轉化次感元」。

❶ 觀想討厭或悲傷的體驗

❷ 由於❶的意象還沒改變，將影像縮小置於遠方，離自己遠一點
⇒這麼做會改變當事人對原始意象的看法和感情。

❸ 接下來，將❶的陰暗意象轉變為明亮的意象。
⇒這麼做會產生完全不一樣的感情和情緒。

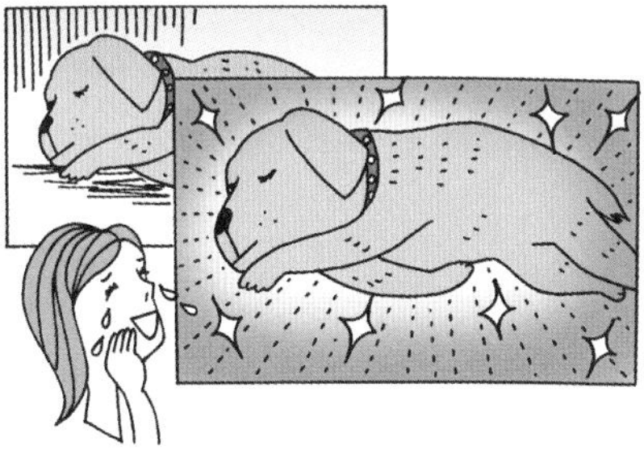

上述的例子是改變視覺系統的次感元，也請試著改變聽覺和身體感覺的次感元吧！

鬱狀態的次感元，改變成資源狀態的次感元。

④次感元改變好以後，回想一下憂鬱的狀態，看看自己有什麼感覺。

⑤最後，執行模擬未來（▼P205），思考萬一又碰到憂鬱狀態，自己會產生什麼樣的反應。

對應轉化的特色在於，**討厭的狀態（體驗）本身沒有改變，只要改變視覺、聽覺、身體感覺系統的次感元，就能轉化當事人的感情和情緒。**

換句話說，改變情緒可以消除閉塞感，化解束手無策的狀態，或是改善自己不擅長面對的問題。這一套技法在各種場合都派得上用場，請務必精通。

試一試

利用對應轉化消除憂鬱狀態

▼▼▼改變心情，挑戰不擅長的事物

將負面意象的次感元轉換成正面的次感元，感情和情緒也會大幅轉變。對應轉化的執行程序相對單純，但效果卓絕，多加練習即可應用自如。

準備

❶仔細觀察內心的憂鬱狀態，找出視覺、聽覺、身體感覺系統中有問題的次感元，並且記錄下來。
❷回想愉快又高興的回憶，詳細調查各表象系統的次感元，同樣記錄下來。
❸執行生態確認，看看使用對應轉化技法，是否會造成旁人的不便。

STEP 1

將兩種意象左右並排

先觀想憂鬱狀態和快樂的回憶，左右並排在自己面前。

STEP 2

置換次感元

將快樂回憶（快樂意象）的次感元，代入憂鬱狀態中。

- 意象……陰暗→明亮
- 音樂……沉靜→活潑
- 情緒……消沉→快活

STEP 3

轉化次感元

慢慢將憂鬱狀態的次感元，轉化成資源狀態（快樂回憶的意象）的次感元，同時體驗憂鬱狀態。換句話說，試著用不同的框架（次感元改變的狀態）來看待同樣的問題。

STEP 4

確認憂鬱狀態是否有變化

再一次回想憂鬱狀態，看看自己有什麼感覺。

STEP 5

模擬未來

想像未來遇到同樣的憂鬱狀態，自己會有什麼反應。

這樣算成功

➡本來次感元帶有負面意象，整個人也萎靡不振；意象改變以後，體態和精神也變得更好了。
➡感覺情緒開朗多了。
➡感覺自己的煩惱其實沒什麼大不了。

4 發現嶄新的自我

部位派對

有時候我們會突然產生強烈的情緒，做出一些莫名其妙的行為，好像我們根本不了解自己的本性。部位派對技法，可以有效解決這樣的問題。

所謂的「部位派對」，就是把內在的部位（引起當事人某些行為或情感的特定部位）找出來共聚一堂，聆聽不同部位的主張，最終融為一體的手法。一來認識自己未曾了解的一面，二來也有穩定心靈的作用。

順帶一提，因為是各種不同部位共聚一堂，所以才取名為「部位派對」。部位派對的大致流程如下：

首先觀想自然的場景中，擺放一張圓桌和六張椅子。然後呼喚自己的潛意識，依照個人的好惡或部位的功能，找出六種不同的部位，圍繞圓桌入座。

接下來，詢問那些部位，他們究竟想要告訴你什麼，或者想要送你什麼（正面的意圖）。問完以後，觀想所有部位化為一個圓圈，融入你的身體當中。

照既定程序執行完，最後想像一下，這對你未來的人生會有什麼新的領悟。

只要你不再被感情擺布，心情變得更加積極正面，這一套技法就算成功了。詳細程序請參照「試一試」（詳見左頁）。

試一試

召集內在部位

▼▼▼認識自己未曾了解的一面

這一套技法的內涵是，召集內在的部位，聆聽不同部位的意見。最後將所有部位統合在一起，發現全新的體悟，締造出截然不同的美好自我。

STEP 1

觀想自然風景

閉起眼睛進入冥想狀態，觀想自然風景。想像那是一個舒適安心的場所，放有一張圓桌和六張椅子。

STEP 2

召喚部位①

在冥想狀態中呼喚自己的潛意識，選擇兩種喜歡的部位，讓他們互相自我介紹，然後坐下來。

例

「體貼的自我」或「誠懇的自我」。

STEP 3

召喚部位②

繼續呼喚潛意識，找出兩種有用的部位，讓他們互相自我介紹，然後坐下來。

例

「冷靜的自我」或「有行動力的自我」。

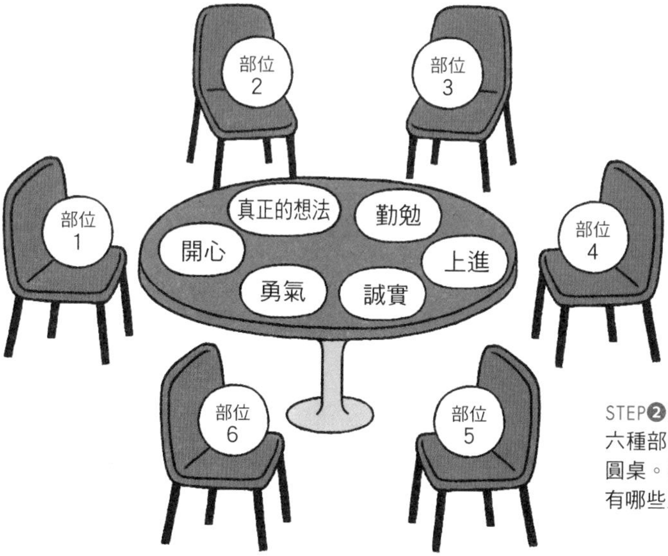
部位 2
部位 3
部位 1
真正的想法
勤勉
開心
上進
勇氣
誠實
部位 4
部位 6
部位 5

STEP❷到STEP❹要找出六種部位，讓他們坐滿圓桌。研究每一個部位有哪些正面意圖。

※圓桌上的語言，都是部位的正面意圖。

STEP 4

召喚部位③

繼續呼喚潛意識，找出兩種不太喜歡的部位，讓他們互相自我介紹。同時，也向前幾個步驟的部位自我介紹，然後坐下來。

例 「鬧脾氣的自我」或「憤怒的自我」。

STEP 5

對部位提問

1 對著圓桌的六個部位提問，問題如下：「有誰覺得自己被冷落，沒被理解？」

例 「鬧脾氣的自我」。

2 對舉手的部位提問，問題如下：「那麼，你想告訴我什麼？或者你想送我什麼（正面的意圖）？」

例 「鬧脾氣的自我」回答如下：「我希望你注意到我的存在，我之所以鬧脾氣，是希望你正視自己的心意，保持在良好的狀態下。」

3 聽完部位的兩個答覆，感謝部位給予的教誨。

STEP 6

繼續請教其他部位

再找另一個部位，詢問STEP❺的問題。

STEP 7

對剩下的四個部位提問

從剩下四個部位中，挑出其中一員，詢問STEP❺的問題。

STEP 8

對剩下的三個部位提問

1 對剩下三個部位提問，問題如下：「你們之中，有誰覺得自己沒被理解？有的話請告訴我。」

2 對舉手的部位提問，問題如下：「那麼，你想告訴我什麼？或者你想送我什麼（正面的意圖）？」

3 聆聽部位的答覆，感謝每一個部位給予的教誨。

如何進入冥想狀態

所謂的「冥想狀態」，就是意識陷入催眠狀態之中（類似一種非自然的睡眠狀態）。這時候腦部會產生 α 波，有點恍神的感覺。這種狀態下潛意識較為活躍，可以發現一些平時難以察覺的問題。心情也會更加正面，更有創造性，容易找到解決問題的啟示。

❶ 注意力集中於內在，腦海中會浮現某些念頭。一開始只要覺得自己的注意力有集中就夠了。

❷ 然後告訴自己，情緒要平靜下來，平靜下來後身體要放鬆。如此一來，會更容易進入冥想狀態。

STEP 9

對剩下的兩個部位提問

1. 對剩下兩個部位提問，問題如下：「請分別告訴我，你們想告訴我什麼？或者你們想送我什麼（正面的意圖）？」
2. 聆聽部位的答覆，確認其他部位也都理解這些部位，而且很感謝他們給予的贈禮。

STEP 10

融合所有部位

想像所有部位手牽手，圍成一圈的樣子。當事人站在中心，圓桌消失不見。部位慢慢繞著當事人轉圈圈，漸漸的融合成一道光芒，灌入當事人的心臟中心，滲透到四肢百骸。

STEP 11

設定心錨

1. 觸摸自己的喉嚨，將STEP⑩的融合狀態設定心錨（▶P82）。
2. 感受喉嚨的觸感，回到過去的時間軸（▶P164），去見自己的起源。
3. 見到起源後，將回溯過程中的一切感受，深深刻劃在意象中，慢慢回歸現在。
4. 回到現在，前往未來的時間軸，體驗這種感覺慢慢增強。

STEP 12

執行打破狀態回歸現實

慢慢放開喉嚨，想像這會帶給未來的人生何種領悟。

這樣算成功

➡ 本來很容易受各種感情影響，現在感覺情緒統合穩定了。
➡ 心情變得積極正面。

5 如何解決長年來的問題？

六階段換框法

相信大家都有下面的經驗，例如，有人為了健康禁菸，結果還是克制不住菸癮；也有人多次節食減肥，但還是忍不住甜食的誘惑。同一件事情失敗太多次，就會漸漸失去信心，最後乾脆放棄。

這時候，我們需要好的方法來解決長年的問題。**六階段換框法**很適合用來解決頑強的問題。

所謂的「六階段換框法」，就是跟**自己內在的各種部位（引起當事人某些行為或情感的特定部分）直接對話，藉此解決問題**。

NLP的觀念認為，**每個人都有各式各樣的部位，這些部位也獨具人格。而且這些部位都有「正面的意圖」**（▼P42），**會影響我們的行為**（順帶一提，換框法是指改變思考的框架，以不同的觀點看待事情）。

如果你有一些想戒卻戒不掉的毛病，不要用強制的手段壓抑，而是要**找出那種行為背後的正面意圖，改用其他方法（行為）滿足那種意圖，這樣才能戒掉壞毛病**。

和部位對話解決問題

當某個特定的部位引發問題，可以使用六階段換框法，直接和那個部位對話來解決問題。

跟自己內在的部位對話，其實是一種奇妙的行為。但實際嘗試會有很深刻的感觸，效果也特別好。大致的程序如下。

①**先選出一個有問題的行為**。重點在於，要選擇

那種無論如何都要戒掉的毛病，而不只是稍微想要改善的毛病。

②**接觸部位**。找出是哪個部位引發問題，和那個部位接觸，看看那個部位願不願意和你對話。如果部位願意對話，決定好接下來的問答規則（例如用單純的是或否來回答）。

③詢問部位，**壞毛病的背後藏有什麼正面意圖**。藉由提問，可以將正面意圖和行為本身做區別。

④調查內在的各種部位，找出獨具創造性的部位（會提供有效方法的部位），請創造性的部位思考三種替代行為，來滿足正面的意圖。

⑤創造性的部位提供答案後，詢問那個引發問題（戒不掉的行為）的部位，是否願意接受替代方案。

⑥執行生態確認（▼P209），思考技法成功以後，新的行為是否會給旁人帶來不便。沒有問題就算成功了，如果內在有部位反對的話，從步驟④再來一遍。

遵循這六個步驟解決問題，這就是六階段換框法。

試一試

體驗六階段換框法

▼▼▼擺脫始終戒不掉的壞習慣

所謂的「六階段換框法」，就是接觸潛意識的部位（引起當事人某些行為或情感的特定部分），徵求部位的同意，一起消除不好的行為。光看文字說明，好像是一種很奇怪的方法。不過，實際嘗試就會感受到技法的效果和妙用。

六階段換框法的程序

STEP 1 **找出一個有問題的行為**
鎖定一個想戒卻戒不掉的壞毛病。

STEP 2 **和引發問題的部位接觸**
呼喚自己的內心，對引發問題的部位提問。

STEP 3 **找出壞毛病背後的正面意圖**
詢問那個引發問題的部位，找出行為背後的正面意圖。

STEP 4 **和創造性的部位接觸**
找出足智多謀的創造性部位，請創造性部位思考三個替代方案，來滿足正面的意圖。

STEP 5 **執行模擬未來**（▶P205）
詢問那個引發問題的部位，是否願意接受替代方案。

STEP 6 **執行生態確認**
思考替代方案發揮作用後，會不會造成其他問題。沒有的話就算成功了。

STEP
1 找出一個有問題的行為

找出一個想戒卻戒不掉的壞毛病，要選擇那種無論如何都要戒掉的毛病，而不只是稍微想要改善的毛病。關鍵是你真的要有很想戒掉的決心。

例 非常想戒菸，但還是克制不住菸癮。

STEP
2 和引發問題的部位接觸

1 先呼喚自己的內心，讓所有的部位都聽到。
「關於那個壞毛病，我想跟你談一談，願意露面一談嗎？」
「我希望跟你來一場重要的對談。」

2 仔細觀察內在的部位，對剛才的呼喚有何反應。如果有反應的話，誠心感謝那個願意回應的部位。

部位的反應其實是很神奇的，有時會發出光芒或聲響，也有可能在胸口或胃部產生一些奇妙的感受，反應不一而足。因為這種變化十分微妙，不要用頭腦去思考，而是用五感去體會就好。

3 向那個有回應的部位確認一下，看他是否願意跟你商量解決之道。如果那個部位同意的話，一樣先表達感謝之意，再決定接下來的問答規則（例如用單純的是或否來回答）。

STEP 3

找出壞毛病背後的正面意圖

1 詢問那個引發問題的部位。

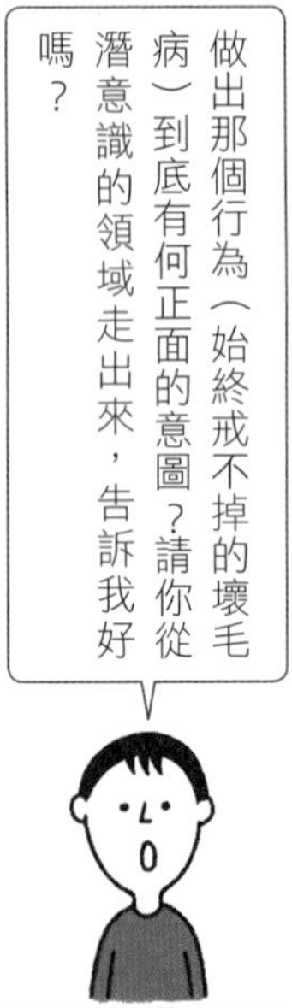
做出那個行為（始終戒不掉的壞毛病）到底有何正面的意圖？請你從潛意識的領域走出來，告訴我好嗎？

例 始終戒不掉菸癮的自己。

2 靜靜等待部位的答覆。部位願意現身的話，要表達感謝之意。

引發問題的部位

3 詢問部位願不願意一起商量解決之道。願意的話，決定對答的規則。

願意

5 了解部位的意圖以後，確認自己能否接受那個說法。如果可以接受的話，繼續對部位提問。

如果有一樣好的方法，或是更好的方法能滿足正面意圖，你有興趣嗎？

6 聆聽部位的答覆。

有興趣

7 如果部位給予正面的答覆，接下來你要去找創造性的部位（提供好主意的部位）。

STEP
4 和創造性的部位接觸

請內心的創造性部位思考三個替代方案。想好以後，直接請教那個引發問題的部位，看他是否願意接受替代方案。

聽音樂
慢跑
泡溫泉
很好！

STEP
5 執行模擬未來

詢問那個引發問題的部位，是否願意採用新的方法。得到正面回應的話，就繼續下一個步驟；沒有得到正面回應，就思考其他替代方案。

STEP
6 執行生態確認

最後詢問自己的內心，有沒有其他部位反對新的替代方案？沒有的話，就感謝心中所有的部位，結束技法。如果有部位反對，回到STEP❹重新來過。

這樣算成功
➡再也不想做那個壞習慣了。
➡成功做出了替代行為。

❹請教部位。

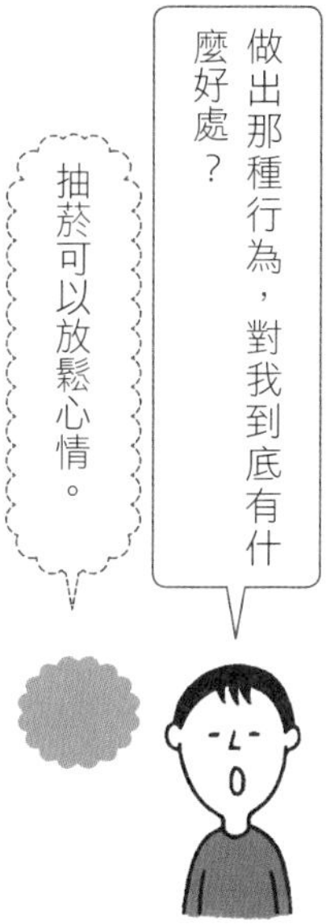
做出那種行為，對我到底有什麼好處？
抽菸可以放鬆心情。

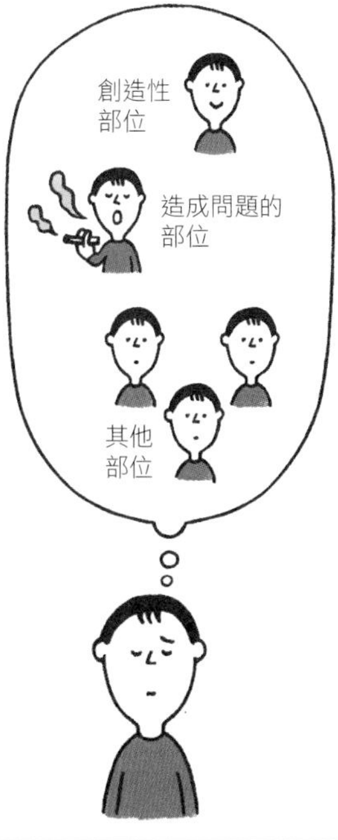
創造性部位
造成問題的部位
其他部位

6 改變討厭的回憶

折疊心錨

每個人心中都有不好的回憶，好比不堪回首的往事，或是想要遺忘的丟臉經驗等。我們都希望消除所有討厭的記憶，只可惜那是不可能發生的事情。

不過仔細想一想，真正讓我們感到痛苦的不是回憶本身。**我們對往事的印象才是痛苦的來源**。換句話說，只要改變我們對往事的印象，就有解除煩惱的效果。

折疊心錨的技法能有效解決這個問題。這是**設定心錨（▼P82）的應用技法之一，也就是用好的心錨來化解不好的心錨，別名又叫「壓縮心錨」**。

正面的心錨和負面的心錨

當事人必須先想清楚，什麼樣的印象可以化解自**己的煩惱**，這才是關鍵所在。比方說，你過去在職場上犯下大錯，希望冷靜看待這件往事，不受感情擺布。像這樣選好自己期望的狀態，就是執行技法的第一步。大致的執行程序如下：

①**先釐清自己要解決的煩惱**。

②進入煩惱狀態（不愉快的狀態），進行設定心錨**（負面的心錨）**。請忍耐不愉快的心情，慢慢回想那種討厭的狀態。閉起眼睛回想或許會容易一點，設定好心錨後，執行打破狀態（脫離狀態）。

③引燃心錨（激發反應），測試一下有沒有進入**不愉快的狀態**。之後，再次打破狀態。

④**思考有什麼理想的資源（解決問題的能力或資**

源）狀態，可以解決煩惱。

⑤從過去的體驗當中，**選擇堪用的資源狀態，並啟用那些資源。**然後設定心錨的資源狀態，設定心錨的部位不能和步驟②一樣（這是**正面的心錨**）。比方說，你可以將右手放在右膝上，來進行設定心錨。設定好以後，執行打破狀態。

⑥引燃步驟⑤的心錨，測試一下有沒有進入資源狀態。之後，再次打破狀態。

⑦**整合自己的感情**。先引燃正面的心錨（步驟⑤設定心錨的資源狀態），澈底進行結合（進入資源狀態，感受主觀體驗）。之後引燃負面的心錨，兩種感情（正面的感情和負面的感情）會漸漸產生變化，最終達到統合效果。先解除負面的心錨，正面的心錨再執行久一點，這樣技法的效果會更好。都做完以後，執行打破狀態。

⑧**測試感情整合的效果**。先引燃負面的心錨，詢問自己對煩惱狀態（不愉快的狀態）有何看法（如果是兩人一組，就請對方幫忙提問）。確認一下自己處於什麼樣的狀態。如果記不清討厭的往事，或者不愉快的感覺減輕許多，技法就算成功了。萬一沒變化，就從步驟④再來一遍。

⑨**執行模擬未來**（▼P205）。引燃正面的心錨，確認一下未來遇到同樣的困境，自己能否善用資源狀態。

這一套折疊心錨的技法，正面的心錨效果越大，成功的可能性就越大。

試一試

善用折疊心錨來改變印象

▼▼▼改變討厭的回憶

討厭的記憶伴隨著負面的情緒，善用折疊心錨改變那些情緒吧！在設定心錨時分別利用左右兩邊的膝蓋，不管是要解除或增加心錨都很方便。

STEP 1

先釐清自己要解決的煩惱

找出不愉快的狀態，好比負面的記憶或感情等。

STEP 2

負面的心錨

進入煩惱狀態，設定心錨（負面的心錨），閉起眼睛設定心錨也沒關係。

例 左手置於左膝，設定心錨後打破狀態。

STEP 3

測試心錨

1. 引燃心錨，測試有沒有進入不愉快的狀態。
2. 之後打破狀態。

STEP 4

找出資源狀態

找出能有效解決負面記憶或感情的資源狀態（理想狀態）。

例 對過去的失戀釋懷的狀態。

STEP 5

正面的心錨

1. 從過去的體驗當中，選擇堪用的資源狀態，並啟用那些資源。
2. 然後設定心錨的資源狀態，設定的部位不能和STEP❷一樣（這是正面的心錨）。

例 右手置於右膝，設定心錨後打破狀態。

STEP 6

再次測試心錨

1. 引燃STEP❺設定的心錨。
2. 之後打破狀態。

STEP 7

整合兩大心錨

1. 先引燃正面的心錨（STEP❺設定的資源狀態心錨），確認是否有澈底結合。
2. 引燃負面的心錨，兩種感情會漸漸產生變化，最後整合。
3. 先解除負面的心錨。
4. 再來解除正面的心錨。
5. 打破狀態。

STEP 8

測試整合效果

引燃負面的心錨，詢問自己對煩惱狀態（不愉快的狀態）有何看法（如果是兩人一組，就請對方幫忙提問）。確認一下自己處於什麼樣的狀態。如果記不清討厭的往事，或者不愉快的感覺減輕許多，技法就算成功了。萬一沒變化，就從STEP ❹再來一遍。

STEP 9

模擬未來

引燃正面的心錨，確認一下未來遇到同樣的困境，自己能否善用資源狀態。

1 左手置於左膝，設定負面的心錨。

2 右手置於右膝，設定正面的心錨。

這樣算成功

➡ 記不清討厭的往事以及負面的情緒。
➡ 不愉快的感覺減輕許多。

歡迎認識
NLP！

跨越困境達成目標的技法

透過英雄旅程來分析現狀

約瑟夫 ・ 坎貝爾是全球知名的美國神話學家，他研究全世界的神話故事，從中發現了一些共通點。每一種神話都有共通的流程，故事中的英雄會根據這些流程，跨越重重苦難，最後凱旋回鄉。這一套理論就稱為英雄旅程。

這一套理論不只出現在神話中，我們的人生也有類似的共通點。因此，一部分的 NLP 團體也推薦這項理論，幫助人們過上更美好的人生。

英雄旅程的流程

1 Calling（天命）：**領受天命**
例如：懷抱夢想或希望。

2 Commitment（踏上旅程）：**遵從天命**
例如：開始追求夢想或希望。

3 Threshold（界線）：**跨越分歧點**
例如：猶豫是否要勇往直前。

4 Guardians（導師）：**找到守護者**
例如：出現幫手。

5 Demon（惡魔）：**遭遇試煉**
例如：遇到強大的對手或困境。

6 Transformation（改變）：**將試煉化為自身的資源**
例如：就算害怕，依然勇往直前。

7 Complete the task（完成任務）：**克服試煉，找到達成天命的方法**
例如：經歷諸多嘗試，終於找到全新的方法。

8 Return home（歸鄉）：**成為英雄回歸故鄉**
例如：成功達成夢想。

當你有煩惱的時候，不妨套用英雄旅程的這幾個階段，來分析自己的現狀。如此一來，就有機會知道自己目前處於哪一個階段。

找到自己所處的階段，萬一碰到各種障礙和困境，只要善用 NLP 的各大技巧，就能沉著應對了。

模擬未來（Future-pace）……205
想像未來的狀況，進行模擬演練，以求未來能夠自然而然達到理想狀態。達成的目標要永久持續下去，模擬未來是不可或缺的要素。

十六劃

導引（Leading）……162
建立和維持投契關係（信賴關係），將對方導向理想的目標。

十七劃

隱喻（Metaphor）……109、112
不直接說出想表達的事情，而是用比喻的方式，讓對方更容易接受。有時候使用隱喻技巧間接影響對方，反而比較好達成目的。

十八劃

雙贏（Win-win）……199
自己和對方都達到理想的狀態，對彼此都有好處。

十九劃

贊同框架（Agreement Frame）……196
NLP 的技法，尋找雙方都能同意的框架，試圖解決問題。

二十二劃

聽覺系統（Auditory System） 56、66、76、230
表象系統之一，透過聽覺獲取資訊，加以累積和整理的手法。

二十三劃

邏輯層次（Neuro-Logical Levels）……128
NLP 的共同開發者羅伯特 ‧ 迪爾茲，開發出一套有系統的方法。上位層次的改變一定會影響下位層次，造成某些變化。相對的，下位層次的變化不見得會影響上位層次。

感知位置（Perceptual Position）……142、146
人類有三種感知位置，可以透過 V、A、K 的感官來了解環境和事物，並且得知這些外在要素的變化。第一位置是第一人稱的體驗，第二位置是對方的體驗，第三位置是站在客觀的角度，以分離狀態了解自己和對方的關係，屬於善意的第三者。這一套技法又稱為「立場互換」。

資源（Resources）……40
決問題的能力或資源，可以用來改變現狀，達到理想狀態的手段或要素。NLP 的觀念認為，所有必要的資源都在我們自己心中。舉凡技術、知識、人際關係、過往經驗等，各種事物都算是資源。

資源心錨（Resource-Anchor）……133
最基本的心錨，能在必要時找出特定的資源。

資源狀態（Resources States）……78
充滿資源的狀態，澈底發揮自身的資源或能力。

意義地圖（Meaning Map）……98、124
NLP 的技法，將人類的言行分為提供訊息、蒐集訊息、攻擊型、放棄型這四大類型。主要用來處理非難。

意義換框法（Meaning Reframing）……96
給予不好的反應或行為，一個全新的正面意義，而不是改變狀況。⇒**狀況換框法**

跟隨（Pacing）……72、120、124、154
迎合對方的語言、信念、價值觀，用來建立投契關係（信賴關係）非常有效。

意識（Conscious）……40、43、55
有注意到訊息的狀態。⇔**潛意識**

十四劃

複誦（Backtrack）……68、154
聆聽對方的説法，發出聲音複誦一遍，或是歸納重點表達出來。一般來説，可用來建立投契關係（信賴關係），或是修正對方的説法。

對應轉化（Mapping Across）……230
NLP 的技法，改變次感元來擺脱不好的狀態，進而掌握資源狀態。

摺疊心錨（Collapsing Anchors）……244
同時啟動兩種相反的心錨，達到內在體驗的整合（中和）。利用正面的狀態消除負面的狀態，當事人會產生良性的變化，例如不再介意負面的感覺，壓力減輕等，又稱為「壓縮心錨」或「中和心錨」。

十五劃

模仿（Modeling）……21、158、168
觀察旁人的成功模式和行為，模仿對方的方法，試著體現一樣的效果。在模仿的時候，不該只模仿行為，連生理反應、觀念、價值觀等內在狀態，還有策略也要分析模仿。

價值觀（Value）……116、128
採取行動之意，在 T.O.T.E 模式中則代表「作業或變化」等涵義。判斷事物的基準，價值判斷和幹勁的根源。

潛意識（Unconscious）……40、43、55、136
沒有自覺的領域。一般來説，潛意識的領域大於尋常意識，而且是壓倒性的大（或多）。大部分的體驗或記憶，也都累積在潛意識裡。⇔**意識**

實際體驗（Associated）……136
融入意象中的體驗，感受當中的所言所聞，即有感情的體驗訊息。⇔**分離體驗**

設定心錨（Anchoring）......82
刻意引發特定情緒或反應的過程，其實就是設定心錨。

框架（Frame）......94、196
認知某件事情時的狀況、環境、方法。

連動心錨（Chaining Anchors）......132
連動複數的心錨，並且依序引燃，一口氣達到理想狀態。

假設框架（As If Frame）......204
觀想問題已經解決，或者已經達成課題的狀態。從那種意象中，找到適合用來解決問題的主意或啟示。通常，使用假設框架必須要有半年的期限來達成目標。

理想狀態（Desire States）......22、78、132
對自我的期許，希望自己達到某些狀態。

將對象和狀況予以概括化（Chunking）......92
在 NLP 中，所謂的「Chunking」就是「將對象和狀況予以概括化」。為了能夠綜觀事物全貌而予以一般化、模糊化，稱為「上推」。反之，縮小區分範圍，稱為「下切」。此外，還有以同樣水平看待其他例子的「平行」。

視線解析（Eye-Accessing Cues）......64
分析對方的視線，從對方的眼睛移動，推測他正在啟用的先行表象系統。⇒**眼睛解讀線索**

教練法（Coaching）......50
設定具體目標，由教練負責提問，讓當事人自行思考答案。這是一種導引當事人達成目標的系統。

動機輸入（Input）......90
引起行為的動機。

視覺系統（Visual System）
......56、65、66、76、230
表象系統之一，透過視覺汲取資訊，進行累積和統整（重新表達）的方法。
從屬要素。

十二劃

進入狀態（Instate）......78
進入當下的狀態（感受某種體驗的狀態）。

結合（Association）......48、49、176
融入體驗或記憶的意象中，感受主觀體驗（同化）的狀態。在想像中也能感受到真實的記憶和體驗，又稱為「同化」。⇔**分離**

策略（Strategy）......154、158、218
策略是指一連串的行動或思考方針，以達成特定目的或結果，而 NLP 的策略則是指用來達成理想狀態的手段，又稱為「戰略」。

換框法（Reframing）......94
改變思考的框架，用不一樣的觀點來看事情，以求改變現狀或情緒。

超智映像（Meta Mirror）......146
NLP 的技法，在感知位置的技法中添加第四位置綜觀全局，有助於改善人際關係。

測試（Test）......90
實際進行嘗試，在 T.O.T.E 模式中，可以用來確認自己是否接近目標。

十三劃

傑克概括模式......220
NLP 的技法，讓分離的自我尋找新的資源，擺脫目前的困境。

後設程式（Meta Program）……172
當事人特有的心理程式（認知模式、知覺過濾機制）。對各種刺激進行整理和歸納的一種高等心理程式。理解對方的後設程式，更容易建立投契關係（信賴關係）。

後設模式（Meta-model）……102
人類用語言傳達訊息時，會不經意的做出省略、扭曲、一般化。所謂的「後設模式」，其實就是一種語言模式，將省略、扭曲、一般化的訊息，重新建構成現實的狀態。主要是透過提問的方式進行，可以找回經過語言化的流失訊息，或是釐清不夠明確的訊息。訊息具體化，就能掌握更多的思路，讓僵化的思維重拾靈活性。這是 NLP 最先開發的模式。

映現（Mirroring）……120
模仿對方的行為，就像在照鏡子一樣，因而得名。

度測（Calibration）……60
透過語言或非語言的反應，仔細觀察對方。使用度測更容易跟隨對方，溝通也會更圓滑。

前提（Presuppositions）……108、196
被視為理所當然的思維或假設，用來達成溝通目的。

挑戰型探問（Challenge Question）……102、136
在後設模式當中，利用提問找回遺失的訊息。

重疊心錨（Stacking Anchors）……133、189
將複數的心錨，或是不同資源的心錨堆疊在同一個部位，設定成更強大的心錨。

十劃

個人彈性（Flexibility）……208
在某種狀況下，擁有多項選擇。

消除恐懼症（Phobia Cure）……60
所謂的「恐懼症」，就是某種特定的事物，對當事人造成生理或心理上的反應，而這一套技法可以有效化解恐懼反應。

時間軸（Timeline）……164
腦內的時間軸（涵蓋過去、現在、未來），記憶和想像的一種隱喻。進入時間軸稱為「時間內」，抽離時間軸稱為「內時間軸」。

十一劃

啟用狀態（Accessing State）……78
觀想良好的狀態，並喚起那種狀態。在自己有需要的時候，達到理想（充滿資源）狀態。

執行（Operate）……90
採取行動之意，在 T.O.T.E 模式中則代表「作業或變化」等涵義。

部位（Parts）……23、238
泛指特定的部分。所謂的部位是一種隱喻，意思是會引起當事人某些行為或感情的特定部位。部位位於潛意識當中，有各自的功能。當一個人內在產生糾葛，多半與部位有關。

部位派對（Parts Party）……151、234
NLP 的技法，召集內在的部位互相議論，化解內心的糾葛。有機會發現自己未曾了解的嶄新面貌，達到精神上的安定。

部位模式（Parts Model）……150
試圖影響那個造成問題的部位，以達到化解的效果。

八劃

狀況換框法……95
所謂的「狀況」，是指溝通或反應發生的狀況。而狀況換框法，就是將某個不好的行為放到不同的狀況下，賦予其嶄新的正面意義。

空間心錨（Spacial Anchor）……133
將心錨設定在特定的空間。

表象系統（Representational System）……30、44、74
利用五種知覺系統（包括視覺系統〔Visual System〕、聽覺系統〔Auditory System〕、身體感覺系統〔Kinesthetic System〕、嗅覺系統〔Olfactory System〕、味覺系統〔Gustatory System〕）獲取資訊，加以累積和整理（重新呈現）的手法。這五大系統合稱「VAKOG」，以其字首命名。某些情況下嗅覺和味覺系統涵蓋在身體感覺系統中，五大系統只用 VAK 代稱，也稱為「代表系統」。

表象詞彙（Process Words）……56
VAK 模式的語言，用來確認表象系統的線索。觀察對方的言談，看看屬於 VAK 語言中的哪一種，並跟隨它，可以盡早建立投契關係（信賴關係）。

卓越圈（Excellent Circle）……192
NLP 的技法之一，想像一個對自己來說很特別的空間，然後進入其中，讓自己掌握資源狀態。

非語言（Non-Verbal）……60、124、126
肢體語言、音調、表情、呼吸等所有語言之外的訊息。

九劃

信念、觀念（Beliefs）……200
信念是屬於一般化的思考模式，也就是當事人面對因果、意義、自我、外人、行為、身分認同時，決定要採取哪些行動。也是用來了解現實和詮釋現實的方針，和價值觀有密切的關聯。

恍惚狀態（Trance）……235、236
這是一種意識改變的狀態，專注力轉向自己的內在。由於關注的是內心，可以進入潛意識的領域，獲得一些特別的體驗，不受尋常意識的干擾。

後設立場（Meta-position）……215
處於分離狀態的觀察者角度。

後設目標（Meta-Outcome）……152、196
終極的目標或結果，期望達成後的更進一步結果。通常用來導引出正面的意圖，後設有超越之意，目標則是個人期望的結果。

後設目標框架（Meta-Outcome Reframe）……150
釐清行為背後的正面意圖，發掘更高層次的目標。

後設目標探問（Meta-Outcome Question）……137、197
利用提問的方式找出潛意識中的正面意圖。

後設狀態（Meta-State）……180
從更高層次的觀點來看待事物，有助於重拾冷靜的狀態。

後設時間軸（Meta Timeline）……215
比普通的時間軸更高一個層次，屬於一種客觀的觀點。

合未來」「分離未來」。把當事人的注意力轉移到適當的方向（模式），有助於消除煩惱，改善心理狀態。

正面意圖 ……41、42、126、136、238
NLP 的觀念認為，那些造成麻煩的行為、感情、思維，其實背後都有正面的意圖存在，有保護自己的作用。

打破狀態（Break State）……78、180
擺脱某種狀態，回歸到日常的感覺。

生態確認（Ecology Check）……209
確認一下新的變化除了影響自己的部位以外，會不會影響到周遭的人事物。

目標（Outcomes）……86
理想的目標、終點、結果。

六劃

先行表象系統（Preferred Representational System）……30、74
這是人類在處理個人體驗，將個人體驗進行系統化時，會優先使用的表象系統（例如視覺系統、聽覺系統、身體感覺系統、嗅覺系統、味覺系統），又稱為「優勢表象系統」。

名詞化（Nominalization）……136
語言學用語，將行為、體驗（動詞）改變成某些要素（名詞）後所產生的語言。那些要素本身沒有實體，好比愛、自由、幸福等。

次感元（Submodality）……46、47、230、233
其實就是從屬要素，表象系統當中更細微的非主體要素。視覺次感元有顏色、形狀、大小、亮度等。聽覺次感元有聲音、音量、節奏等。身體感覺次感元有溫度、觸感、壓力、強度等。

地圖（Map）……36、38、125
每個人對事物的看法或觀念。

米爾頓模式（Milton-Model）……108
刻意使用抽象的語言，刺激對方潛意識中的資源，賦予對方全新的感悟。可以讓對方欣然接受建言，用來傳達訊息也非常有效。改良自催眠治療專家米爾頓 · 艾瑞克森使用的語言技法。屬於反後設模式。

回應（Feedback）……22、90
分析某件事的結果，找到必須檢討或修正的缺點，影響下一步的行動。

七劃

良好的關係（Rapport）……57、68、72
信賴或友愛的感覺。在人際關係中建立信賴、尊重、相互理解的關係，並且維持這些良好關係的過程。

扭曲（Distortion）……102、116
不客觀的觀點造成訊息扭曲，屬於一種後設模式，其他還有省略、一般化。

技法（Skill）……52
透過練習獲得的技巧或能力。

刪除（Deletion）……102、116
沒有完整呈現語言所描述的體驗。屬於一種後設模式，其他還有一般化、扭曲。

改變立場（Position Change）⇒**感知位置**

身體感覺系統（Kinesthetic System）……56、66、76、230
表象系統之一，透過身體感覺汲取資訊，並且累積和歸納（重新呈現）。

NLP用語解說

※依中文筆畫次序排列　⇒同義語參照　⇔反義語

英文

GODIVA 巧克力（GODIVA Chocolate）……184
NLP 的技法，輪流觀想自己喜歡的東西，以及必須解決的課題，藉此提升做事的幹勁。

NLP（Neuro-Linguistic Programming）……16、19、20
分別取「Neuro-Linguistic Programming」的第一個字母，意思是「神經語言程式學」。NLP 源自一九七〇年代的美國，這是由約翰・葛瑞德和理察・班德勒共同開發的溝通技巧。前者當時是加州大學語言學副教授，後者是加州大學的心理學研究生。NLP的基本觀念認為，神經（腦部）、語言、身體這三者的相互作用，決定了人類的行為模式。

S・C・O・R・E 模式……214
NLP 的技法，回答五道題目，尋求建設性的解決方法。

TD 搜索……188
這一套技法是在潛意識中，找出如何解決當下煩惱的方法或提示。引進這個概念的是約翰・葛瑞德和理察・班德勒，具體方法是透過時間軸，穿梭於過去和未來，選出三種必要的資源來設定心錨。

T.O.T.E 模式（T.O.T.E model）……90
表示Test（檢測）、Operate（實行）、Test（檢測）、Exit（達成目標脫離）的簡稱，用於導引所有行為的基本回應模式。

一劃

一般化（Generalization）……37、102、116
把一部分的經驗，當成共通經驗的過程。屬於一種後設模式，其他還有省略、扭曲。

四劃

六階段換框法（Six-step Reframing）……238
遵循六個階段，將不好的行為和當中的正面意圖分化開，改用新的行為來代替。先了解部位的正面意圖，就能掌握新的行為，來滿足那個正面意圖，而且又不會產生問題。

引燃（Firing an Anchor）……132、189、222、245
NLP 的專業術語，為「引起反應」之意。例如，引燃心錨，意思是讓心錨發揮作用。

心錨（Anchor）……82
激發反應的訊號或誘因。當某個刺激會自動引發特定的反應，結合刺激和反應的要素就是所謂的心錨。例如「巴夫洛夫的狗」，鈴鐺就是引發狗狗特定反應的心錨。

分離（Dissociation）……48、49、176
所謂的「分離」，是指擺脫某種體驗或記憶的意象，從旁觀者的角度進行觀察。和結合不一樣，對於記憶和體驗不會有真切的感受。⇔結合

五劃

四角地圖（Directing Attention）……176
NLP 的技法，將人的內在體驗分為四大類型，分別是「結合過去」「分離過去」「結

圖解 NLP
活用 NLP 技法讓自己變得更好！扭轉大腦慣性思考，突破自我框架，打造全新的自己
面白いほどよくわかる！NLP の本

作　　者　梅本和比己
譯　　者　葉廷昭
封面設計　郭彥宏
內頁排版　簡至成
特約編輯　張瑋珍
行銷統籌　駱漢琦
行銷企畫　蕭浩仰、江紫涓
營運顧問　郭其彬
業務發行　邱紹溢
責任編輯　賴靜儀
總 編 輯　李亞南
出　　版　漫遊者文化事業股份有限公司
地　　址　台北市103大同區重慶北路二段88號2樓之6
電　　話　(02) 2715-2022
傳　　真　(02) 2715-2021
服務信箱　service@azothbooks.com
網路書店　www.azothbooks.com
臉　　書　www.facebook.com/azothbooks.read
發　　行　大雁出版基地
地　　址　新北市231新店區北新路三段207-3號5樓
電　　話　(02) 8913-1005
訂單傳真　(02) 8913-1056
初版一刷　2023年8月
初版四刷 (1)　2024年5月
定　　價　台幣450元

ISBN　978-986-489-761-2

原書STAFF
插　　畫　野村俊夫、平井きわ
原書設計　佐々木容子（KARANOKI Design Room）
編輯協力　ピークワン有限公司

國家圖書館出版品預行編目 (CIP) 資料

圖解NLP : 活用NLP 技法讓自己變得更好！扭轉大腦慣性思考，突破自我框架，打造全新的自己 / 梅本和比己著 ; 葉廷昭譯. -- 初版. -- 臺北市 : 漫遊者文化事業股份有限公司, 2023.3
256 面 ; 14.8×21　公分
譯自 : 面白いほどよくわかる！NLP の本
ISBN 978-986-489-761-2(平裝)

1.CST: 溝通 2. CST: 傳播心理學 3. CST: 神經語言學 4. CST: 自我實現

177.1　　112001437